JN249330

人事労務担当者のための企業税務講座

弁護士・税理士 **橋森 正樹**

労働調査会

はしがき

本書は、労働調査会発行の専門誌「労働基準広報」に平成22年１月号から連載されている「企業税務講座」をまとめて、一部を加筆修正したものです。

この「企業税務講座」は、毎回、主に企業における労務や人事に関する税務処理をテーマとし、その時々におけるトピックや裁判例などの解説を中心に連載されている企画ですが、平成29年12月号までの合計84回の講座から適宜ピックアップし、１冊の書籍に仕上げました。

企業の人事労務担当者が取り扱うであろう税務処理や手続について分かりやすく解説するのはもちろんのこと、各テーマにつき、なるべく全体像を踏まえた上で、当該テーマの位置付けについても触れることで、自身の業務が業務全体の中のどの位置にあるかを意識することができるものになるよう、心がけました。

また、毎年度税制改正がなされることから、テーマによっては連載後に改正がなされているところも少なくなく、それらについてはできる限り改正経緯も含めて解説しています。

企業の人事や労務の担当者をはじめ、企業経営者、労務管理の専門家の方々が、自身の業務をより深く理解するための一助となれば幸いです。

最後に、本書発行において校正面でご助力くださった編集部の皆様に心から感謝の意を表します。

平成30年３月

弁護士・税理士　橋森 正樹

目次

凡　例

本書では、読者の便宜を考慮し、条文、通達、裁判・裁決例や文献の引用において、漢数字等を算用数字に変え、「つ」等の促音は「っ」と小書きしています。

〈法令等〉

経営承継円滑化法…中小企業における経営の承継の円滑化に関する法律
経営承継円滑化法施行規則
　……………………中小企業における経営の承継の円滑化に関する法律施行規則
租特法………………租税特別措置法
租特法令……………租税特別措置法施行令

〈通達〉

所基通………………所得税基本通達
消基通………………消費税法基本通達
措通…………………租税特別措置法関係通達
相基通………………相続税法基本通達
法基通………………法人税基本通達

〈判決等登載誌〉

刑集…………………最高裁判所刑事判例集
事例集………………裁決事例集
税資…………………税務訴訟資料
判タ…………………判例タイムズ
民集…………………最高裁判所民事判例集
労判…………………労働判例
TAINS ……………日税連税法データベース（会員制）

第1章
総論

法人税の基礎知識

現金収入がないのに所得ありとして課税されることもある

企業における税務上の様々な問題点について解説していきますが、その前提として、まずは、基本となる法人税の基礎知識について解説をします。

もっとも、企業においては役員や従業員という個人も関わりますので、法人税以外の所得税や消費税などの税法の解釈も求められることはいうまでもありません。そこで、適宜、特に人事労務分野において参考になるような税務上の問題点についても言及していきたいと考えています。

法人税の課税根拠 ～法人はなぜ税金を支払う必要があるのか

法人になぜ租税が課されるのでしょうか。根本的な問題であり、これに対する答えは非常に難しいのですが、考え方としては、大きく分けて２つ存在します。

１つ目は、所得税の前どりであるのが法人税であるという考え方です。もう１つは、法人自体の担税力に着目して課税されるのが法人税であるという考え方です[1)]。

前者の考え方は、担税力を有するのはあくまでも個人であり、法人は個人株主の集合体であることを前提とする考え方です。この考え方によれば、法人税は株主に分配される利益に対する課税となります。そうすると、法人に課税し、さらに個人の配当所得にも課税することは、二重課税になってしまう、ということとなります。

一方、後者の考え方は、法人も社会において１つの人格として実在するものであることを前提として、法人の所得そのものに担税力を見出すというものです。この考え方を推し進めると、法人に課税しさらに個人の配当所得に

１）金子宏『租税法 第22版』（弘文堂）307頁参照。

課税しても問題はない、という考え方に結びつきやすくなります。

もっとも、両説とも正しい側面を有していますし、また、複雑多岐にわたる現象が生ずる現代社会において、法人税の性質ないし課税根拠を一元的に捉えることは非常に困難であるともいわれており、答えは1つではないというべきでしょう。

なお、配当所得に対する二重課税という現象は、やはり実務上問題とされていますが、現状では、個人株主の受取配当につき一定額の税額控除を施すことにより二重課税の弊害を可能な限り排除する仕組みとなっています。

2 法人税の仕組み

(1) 会計上の収益と費用

Point 法人税の課税物件である法人所得は企業会計における利益が前提

基本的なことですが、会社においては事業年度が定められており、事業年度ごとに決算が行われます。決算に至るまでには、一般に、領収書や請求書などの生の資料から仕訳伝票を作成し、その仕訳伝票をもとに元帳（総勘定元帳）を作成の上、事業年度の終了とともに決算書を作成することとなります。

決算書とは、通常、貸借対照表と損益計算書を指し、損益計算書において収益と費用とがまとめられており、収益と費用との差額がプラスの場合には利益が発生し、マイナスの場合には損失が発生することとなります。

(2) 法人税法上の益金と損金

Point 法人所得は必ずしも企業会計における利益とは一致しない

法人税の申告の仕組みですが、会計上、利益が発生すれば法人税を納め、損失が発生すれば法人税を納めなくてよい、という単純な話ではありません。

というのは、法人税の課税物件である「法人の所得」とは、当該事業年度の「益金」の額から当該事業年度の「損金」の額を控除した金額とされているのですが、ここでいう「益金」や「損金」が必ずしも会計上の「収益」や「費用」と同じであるとは限らないからです。

法人税の申告にあたっては、決算書の損益計算書により計算された利益または損失を前提として、法人税法上、益金として計上すべきもの、もしくは計上すべきでないもの、または、損金として計上すべきもの、もしくは計上すべきでないもの、をそれぞれ整理し、それらを損益計算書の利益あるいは損失から、加算あるいは減算する必要があるのです。

つまり、会計上の「収益」がすべて税務上の「益金」となるわけではなく、逆に、会計上の「費用」がすべて税務上の「損金」となるわけではない、ということです。

⑶　加算処理と減算処理

Point　会計上の収益に法人税法等による調整が加えられて法人所得が算出される

会計上は収益として計上されないものでも税務上は益金として計上すべきものを「益金算入」、会計上は費用として計上されるものでも税務上は損金として計上すべきでないものを「損金不算入」といい、これらは利益（損失）に加算処理がなされることとなります。

これに対し、会計上は収益として計上されるものでも税務上は益金として計上すべきでないものを「益金不算入」、会計上は費用として計上されないものでも税務上は損金として計上されるべきものを「損金算入」といい、これらは利益（損失）から減算処理がなされることとなります。

これらの加算処理ないし減算処理は、申告書の別表４（所得の金額の計算に関する計算書）に記載されることとなり、最終的な法人税法上の所得が算定されるわけです。

そして、法人税法上の問題点は通常、利益（損失）に加算されるべきか、あるいは減算されるべきか、という点についての法人税法の解釈の争い、または、その法人税法を適用する前提となる事実の有無（あるいは事実に対する法的評価。例えば、売買なのか交換なのか、など）についての争い、という形で現れることとなります。

⑷　正しい申告をしなかった場合のデメリット

Point　正しい申告をしなかった場合のデメリットは極めて大きい

法人税法については申告納税方式が採用されています。つまり、会社が自ら会計上の処理に法人税法の加算減算の調整を施し、所得を算定し、その所得に所定の税率を乗じた金額を法人税として申告し、納税することとなります。

しかし、前記のとおり、法人税法上、益金不算入なのかどうか、損金算入なのかどうか、という点について正しい解釈の上で申告をしなかった場合には、修正申告あるいは更正処分により正しい納税を行うこととなります。

しかし、この場合には、延滞税や加算税（過少に申告した場合には過少申告加算税、所得がないとして申告をしなかった場合には無申告加算税、過少ないし無申告が仮装、隠蔽であった場合には重加算税など）などの附帯税（国税通則法２条４号、60～69条）がそれぞれ加算されることとなります。

そして、これらの附帯税は、原則として未納の税額に所定の割合（利率）を乗じて計算した額とされていますが、その利率は極めて高く設定されています。

まず、延滞税については原則として年14.6％（ただし、一定の期間については7.3％）とされています。また、加算税については、過少申告加算税が原則として年10％（ただし、未納税額によっては５％の加算あり）、無申告加算税が原則として15％とされており、重加算税に至っては原則として年35％と極めて高い利率が設定されています。

さらに、国税の徴収権の消滅時効は原則として法定納期限から５年間となっていますが（ただし、時効が中断する場合もあるため５年間経過したからといって必ず消滅時効が完成するとは限らない）、例えば、時効消滅直前で更正処分を受けた場合、それに伴う延滞税や加算税などの附帯税がかなり高額となり、企業経営に対する影響は極めて大きなものになるといえます。

したがって、法人税の申告にあたっては、正しい申告を行うことは当然ながら、税務調査などに対しても十分に対応できるだけの税法の解釈及び適用が求められるということとなります。

3 法人税法上の問題点

会社における税務上の問題点として具体的にどのようなものがあるか、そのごく一部を簡単に紹介しておきます。

(1) 算入時期に関する問題

Point 原則、現金主義は採用されていない

まず、益金ないし損金の算入時期についての問題が挙げられます。

法人税法においてはいわゆる発生主義が採用されているといわれています。すなわち、現金主義は採用されていないということです。そして、原則として、財貨の移転や役務の提供などによって債権が確定したときに収益が発生すると解されています（これを一般に「権利確定主義」という）。

例えば、売掛債権については、通常、商品の引渡し時に益金計上すべきであるとされています（法人税基本通達（以下「法基通」という）2－1－1）。利益操作の一環として益金計上を当期ではなく翌期にずらすというような処理がなされることがありますが、これは誤った処理です。また、故意に処理をしなくても債権（請求権）などの収益がいつ発生したか、という点について課税庁との間で見解の相違が発生する場合もあります。

また、収益ではなく損金の算入時期もよく問題となります。例えば、貸付金等の貸倒処理が最たるものです。いつの時点で貸倒として損金計上できるのか、という点は実務においてもよく問題となります。

ただし、この権利確定主義には例外があります。1つは、長期にわたる割賦販売や大規模工事などについて、一定の経理処理を条件に代金の支払期日とされている日を含む事業年度に収益・費用を計上することが認められていることです（法人税法63条、64条など）。もう１つは、資産の評価益・評価損です。法人税法においては資産の評価益・評価損を益金・損金に算入しないこととされていましたが、企業会計の分野における時価会計ないし時価主義の考え方の浸透に伴い、法人税法においても、金融資産・負債の取引につき一定の範囲で評価益・評価損の計上が認められています（法人税法61条３項など）。

⑵　益金、損金をめぐる問題

Point　益金性または損金性をめぐる問題は多種多様

次に、益金性または損金性の問題です。よく問題となるのは交際費等の問題です。交際費等については、損金への算入に一定の制約がありますが、その制約のない広告・宣伝費なのか、制約のある交際費等なのかが実務上よく問題となります。

また、役員に対する報酬や賞与についてもよく問題となります。従業員に対する給与は人件費として原則損金算入されますが、役員に対する報酬等については恣意的な支給の可能性があるため、適正な課税の実現を図る観点から、元々一律に損金不算入とされていました（ただし、平成18年度税制改正により、「報酬」や「賞与」という言葉の代わりに「役員給与」という定義付けをして一定の役員給与を損金算入できるように整備されている）。この役員給与をめぐる問題としては、当該役員が実際に業務に従事していたかどうかという事実レベルの争いとして問題とされるケースが多いと思われます。

さらに、貸倒引当金や貸倒損失については、債権が回収不能なのかどうかという点につき課税庁との間で見解が相違する場合がよく見受けられます。

そのほか、寄附金認定の問題や有価証券等の資産の評価をめぐる問題など、枚挙に暇がありません。

⑶　経済的利益

Point　現金収入ばかりが益金ではない

税務上、「経済的利益」という概念がよく登場します。

通常、所得とは最終的に現金に換価されるものを指しますが、税務上は現金に換価されなくとも、一定の経済的利益の提供を受けた場合には益金として計上すべきこととされています（法人税法22条２項）。

例えば、債務免除を受けた場合には債務免除益を益金として計上する必要があります。また、資産を無償で譲渡した場合にも、無償（つまり現金の受領がない）にもかかわらず、原則としてその時価相当額を益金として計上しなければなりません。

さらに、会社の寮に従業員が居住している場合で徴収している賃貸料の額が通常の額よりも著しく低額であれば、従業員に経済的利益を付与していると評価される場合があります（所得税基本通達（以下「所基通」という）36-47）。

また、いわゆる社員食堂における販売価額の設定が材料費よりも低い場合などにも従業員に経済的利益を付与していると評価される場合があります(所基通36-38の２)。これらの場合においては、従業員に対する給与についての源泉税額に影響を及ぼすことにもなります。

4　訴訟 ～いざ、課税庁との間で見解の相違が出た場合は……

正しい申告を行うように心がけていても、定期的に実施される税務調査において様々な指摘をされる場合があります。その場合、会社としてどういう対応をとればよいかについてごく簡単に解説しておきます。

⑴　税務調査、修正申告の勧奨

Point　税務調査では顧問税理士などの立会いを

税務調査が実施される場合には可能な限り顧問税理士などに立ち会ってもらうようにしましょう。

課税庁は、税務調査の結果、申告に係る税額が過少であると判断した場合には、会社に対して修正申告を行うよう促します。これは修正申告の勧奨と呼ばれています。

修正申告とは、納税義務者が申告をした後に、申告に係る税額が過少であることなどに気付いたときに税額等を修正する内容の申告をすることをいい、あくまでも納税義務者が主体的に実施するものですので、課税庁は勧奨（要は促すこと）しかできないのです。

この勧奨に応じるのがやむを得ないと判断される場合には修正申告をすることとなります。

なお、修正申告は税額を増加させるように変更する申告ですので、逆に税額を減少させるように変更するには更正の請求（国税通則法23条）を行う必要があります。

⑵　再調査の請求、審査請求、訴訟

Point　争う場合は附帯税に注意を

税務調査における課税庁の見解に対して了解できない場合には、納税者からの修正申告はなされませんので、たいていの場合、課税庁が更正処分などを行います。したがって、その更正処分などの課税庁による行政処分を争うこととなります。

行政処分を争うにあたっては、まず再調査の請求（平成28年３月31日以前に行われた処分については異議申立てといわれていた）を行うこととなります。

そして、その再調査の請求手続において納税者の主張が認められなければ、

次に審査請求という手続に進みます。なお、平成28年4月1日以降に行われる処分については、再調査の請求を飛ばして、審査請求を申し立てることが可能です。

審査請求においても納税者の主張が認められない場合には、最後に裁判所に対して更正処分などの取消しを求める行政訴訟を提起することとなります。

ところで、課税庁による行政処分を争う場合には、上記のとおりの段階を踏む必要があるため、解決までにはかなり時間がかかります。すると、前述のとおり、延滞税などの附帯税が大きな問題となります。

そこで、例えば、更正処分された税額を一旦納税した上で争う方法も可能です（この場合でも、課税庁の主張を納税者が認めた、ということにはならない)。こうすることにより、仮に納税者の主張が認容されず敗訴した場合でも、附帯税を回避することができますし、仮に勝訴した場合には、多く納税しすぎた額はもちろんのこと、さらに還付加算金が付加されて還付されます。

給与にまつわる税務処理

2 給与所得とは

金銭以外の経済的利益が給与として課税される場合も

1 給与所得の概要・意義

給与所得とは、所得税法で規定されている10種類の所得[1]のうちの１つであり、「俸給、給料、賃金、歳費及び賞与並びにこれらの性質を有する給与に係る所得」（所得税法28条１項）をいいます。

一般に、「勤労性所得（人的役務からの所得）のうち、雇用関係またはそれに類する関係において使用者の指揮・命令のもとに提供される労務の対価を広く含む観念」であるとされています[2]。

役員が法人から受ける給与はもちろんですが、必ずしも定期的に支払われるものでなくとも、利益連動給与なども給与所得ですし、研究費・手当・車料等の名目で雇い主から支払われる金銭も給与所得となります。

また、金銭以外の資産ないし経済的利益も、勤務の対価としての性質を有する限りは、給与所得となります。例えば、会社の従業員に対する無利息貸付の利息相当額や、通勤用に支給されたタクシー会社の乗車券、会社の役員や従業員に付与されたインセンティブ報酬としてのストック・オプション（新株予約権等）の行使による経済的利益なども給与所得となります。

もっとも、雇用関係またはそれに類する関係において支給される金銭や経済的利益のすべてが給与所得となるわけではなく、宿直者などの食事や旅費交通費、レクリエーション等の費用など、その内容や金額によっては、給与所得に含まれない、あるいは、形式的には給与所得に含まれるが非課税として扱われる場合があります。

1）利子・配当・不動産・事業・給与・退職・山林・譲渡・一時・雑の10種類。
2）金子宏『租税法 第22版』（弘文堂）230頁。

そのほか、非常勤の医師や講師などが受け取る金員などについては、事業所得や一時所得、雑所得などの他の所得との区別が問題となることが少なくありません。この区別においては、指揮・命令のもとで提供されているかどうかが重要なポイントとなります。

2 非課税とされる給与所得

⑴ はじめに

Point 課税・非課税の区別が困難な場合も

前記のとおり、雇用関係またはそれに類する関係において支給される金銭や経済的利益は基本的に給与所得に該当しますが、一定の要件を備えるものは給与所得として課税されないこととなっています。もっとも、課税・非課税の判断が微妙な事案も少なくありません。

そこで、以下において、非課税とされる給与所得の具体的内容を解説するとともに、具体的事例に対する裁決例や裁判例も紹介していきます。

⑵ 通勤手当

Point 通常の給与とは別に支給する必要がある

通勤手当ないしそれに代わる通勤定期券の支給は、通常必要な部分については非課税とされています（所得税法９条１項５号、「10 通勤手当の非課税限度額」（64頁）参照）。

非課税とされる通勤手当は、通常の給与とは別に支給されている場合の通勤手当等を意味するものとされています。

それでは、通常の給与とは別に支給されていないが、実質的には通勤費に充てられた場合はどうでしょうか。

この点が争われた事例があります。人材派遣会社の派遣社員が同社から支払われた給与について、自宅から派遣先まで移動した際に要した費用をその給与から支出したことから、その支出した金額は通勤手当と実質的に同じであり非課税であると主張しました。しかしながら、国税不服審判所は、通常の給与と別に支給されていなければ、実質的に通勤費に充てられていたとしても非課税とされることはないとの判断を示しています[3)]。また、会社役員が会社から受けた給与から実質的に通勤費を支出した場合にも、給与手当として非課税とはならないとの判断が示されています[4)]。

したがって、通勤手当を支給する場合は通常の給与とは別に支給されたものであることを明確にしておく必要があります。

⑶　残業・日直・宿直者の食事

Point　食事は実費として原則非課税

使用者が、残業または宿直もしくは日直をした者（その者の通常の勤務時間外における勤務としてこれらの勤務を行った者に限る）に対し、これらの勤務をすることにより支給する食事については、非課税とされています（所基通36－24）。

例えば、９時から17時までを正規の勤務時間とする者が、21時まで時間外勤務をした場合に支給を受ける夕食や、宿日直勤務をした場合に支給を受ける夕食及び朝食は、これらの勤務に伴う実費弁償的なものである点を考慮し、課税しないこととされています。

また、夜食の現物給与に代えて、通常の給与に加算して勤務１回ごとに定額で支給する金銭で１回の支給額が300円以下であるものについても非課税とされています（所得税個別通達昭和59年７月26日直法６－５、直所３－８「深夜勤務に伴う夜食の現物支給に代えて支給する金銭に対する所得税の取扱いについて」）。

３）国税不服審判所平成20年６月19日裁決、事例集75集176頁。
４）国税不服審判所平成11年９月27日裁決、事例集58集23頁。

なお、宿・日直料との関係については後記⑷を参照して下さい。

また、食事の価額については、次のとおり評価するとされています（所基通36－38）。

> ⑴　使用者が調理して支給する食事
> 　→　その食事の材料等に要する直接費の額に相当する金額
> ⑵　使用者が購入して支給する食事
> 　→　その食事の購入価額に相当する金額

なお、⑴については本来、材料費だけではなく、調理に要した水道光熱費や人件費等の間接費も含めて評価されるべきですが、実際上その評価は困難を伴うため、その食事の材料等に要する直接費相当額をもって評価するとされています[5)]。

⑷　宿・日直料

Point　原則、4000円までは非課税

宿・日直料は原則として給与所得として課税されますが、以下のいずれかに該当する場合を除いて、勤務１回につき支給される金額のうち4000円までの部分については非課税とされています。ただし、宿直または日直の勤務をすることにより食事が支給される場合には、4000円からその食事の価額を控除した残額に限られます（所基通28－１）。

> ⑴　休日又は夜間の留守番だけを行うために雇用された者及びその場所に居住し、休日又は夜間の留守番をも含めた勤務を行うものとして雇用された者に当該留守番に相当する勤務について支給される宿直料又

5）三又修 他編『所得税基本通達逐条解説（平成29年版）』（以下「逐条解説」という）（大蔵財務協会）347-348頁参照。

は日直料
(2)　宿直又は日直の勤務をその者の通常の勤務時間内の勤務として行った者及びこれらの勤務をしたことにより代日休暇が与えられる者に支給される宿直料又は日直料
(3)　宿直又は日直の勤務をする者の通常の給与等の額に比例した金額又は当該給与等の額に比例した金額に近似するように当該給与等の額の階級区分等に応じて定められた金額により支給される宿直料又は日直料（当該宿直料又は日直料が給与比例額とそれ以外の金額との合計額により支給されるものである場合には、給与比例額の部分に限る。）

例えば、宿直勤務１回について、3500円の宿直料と1000円の食事とが支給される場合、3000円（4000円－1000円）が限度額となるため、それを超える500円については課税されることとなります。

なお、同一人が宿直と日直とを引き続いて行った場合（土曜日等通常の勤務時間が短い日の宿直で、宿直としての勤務時間が長いため、通常の日の宿直料よりも多額の宿直料が支給される場合を含む。）には、通常の宿直又は日直に相当する勤務時間を経過するごとに宿直又は日直を１回行ったものとして取り扱われます（所基通28－２）。

例えば、同一人が宿直と日直とを続けて行った場合の宿日直料が9000円であったとすれば、8000円（4000円×２）が限度額となるため、それを超える1000円が課税されることとなります。

また、例えば、土曜日の通常勤務時間が平日よりも短い場合に、平日の宿直料が3500円で、土曜日の宿直料が6000円（宿直としての勤務時間が長くなるため）であったとすれば、4000円に満たない平日の宿直料3500円が非課税となるだけでなく、土曜日の宿直料6000円についても限度額が8000円（4000円×２）となるため、結局課税されないこととなります[6)]。

(5)　旅費交通費

Point　業務との関連性と行路などが重要

給与所得者（またはその遺族）が以下の旅行をした場合に、「その旅行に必要な支出に充てるため支給される金品で、その旅行について通常必要であると認められるもの」（所得税法９条１項４号）については、業務上必要な支出の実費弁償という性格のものであるため、いわゆる「旅費」として非課税とされています[7)]。

①　給与所得者が勤務する場所を離れてその職務を遂行するための旅行
②　給与所得者の転任に伴う転居のための旅行
③　就職若しくは退職した者又は死亡退職者の遺族のその就職若しくは退職に伴う転居のための旅行

そして、ここでいう「通常必要であると認められるかどうか」の判定については、「その旅行の目的、目的地、行路もしくは期間の長短、宿泊の要否、旅行者の職務内容及び地位等」のほかに、「その支給額が、その支給をする使用者等の役員及び使用人〔筆者注：従業員〕の全てを通じて適正なバランスが保たれている基準によって計算されたものであるかどうか」、「その支給額が、その支給をする使用者等と同業種、同規模の他の使用者等が一般的に支給している金額に照らして相当と認められるものであるかどうか」を勘案することとされています（所基通９－３）。

単身赴任者が職務遂行上必要な旅行に付随して帰宅のための旅行を行った場合に支給される旅費については、これらの旅行の目的、行路等からみて、これらの旅行が主として職務遂行上必要な旅行と認められ、かつ、当該旅費の額が非課税とされる旅費の範囲を著しく逸脱しない限り、非課税として取

6）三又修 他編、前掲『逐条解説』159-160頁参照。
7）同書74頁。

り扱って差し支えないとされています（所得税個別通達昭和60年11月８日直法６－７）。

この点、単身赴任者に支給された帰郷交通費が非課税となるかどうかが争われた事例では、「単身赴任者の本件帰郷交通費の支給の対象となる旅行に際して、出張報告書の提出及び口頭による業務報告をしなければならない旨の規定」もなく、「それらの業務報告を受けたことが具体的に明らかにできる書類や資料もない」として、非課税とならないと判断されています[8)]。

したがって、職務遂行上必要な旅行であることを立証できるように業務報告等がなされたことを示す資料を作成することなどが必要になると思われます。

8）国税不服審判所平成10年１月29日裁決、事例集55集273頁。

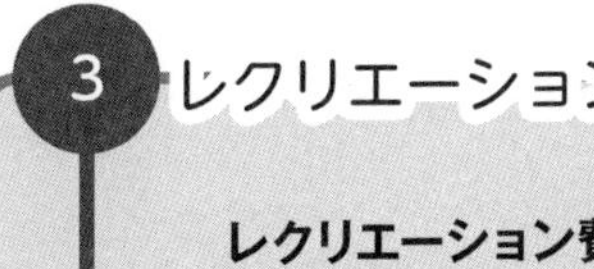

3 レクリエーション費用・記念品支給等の取扱い

レクリエーション費用に課税される場合も

1 レクリエーション等の費用

(1) レクリエーション費用の取扱い

Point 不参加者への対応には要注意

使用者が役員または従業員のレクリエーションのために社会通念上一般的に行われていると認められる会食、旅行、演芸会、運動会等の行事の費用を負担することにより、これらの行事に参加した役員または従業員が受ける経済的利益については、原則として課税しなくても差し支えないとされています（所基通36－30）。

これらの行事は簡易なものが多い上、参加者全員の希望を十分に満たすものばかりではなく、また、その経済的利益も少額であることが多いことから、強いて課税しないという趣旨のものです。

ただし、不参加の者に、それに代えて金銭を支給する場合には、その不参加の理由にもよるところですが、参加するかどうかをその者の意思に係らしめる場合には、その金銭に相当する経済的利益は給与として課税されることになります。また、対象者が役員のみである場合にも、その経済的利益は給与として課税されることとなります[9)]。

9）三又修 他編、前掲『逐条解説』331頁参照。

⑵　慰安旅行

Point　日数と参加率がポイント

ところで、いわゆる慰安旅行については、「当該旅行の企画立案、主催者、旅行の目的・規模・行程、従業員等の参加割合・使用者及び参加従業員数等の負担額及び負担割合などを総合的に勘案して実態に即した処理を行うこと」とされています。しかし、企業の負担額が少額不追求の趣旨の範囲内にとどまるものであり、次のいずれの要件も満たしている場合には、原則として課税しなくてもよいこととされています（所得税個別通達昭和63年５月25日直法６－９、最終改正：平成５年５月31日課法８－１）。

⑴　当該旅行に要する期間が４泊５日（目的地が海外の場合には、目的地における滞在日数による。）以内のものであること。
⑵　当該旅行に参加する従業員等の数が全従業員等（工場、支店等で行う場合には、当該工場、支店等の従業員等）の50％以上であること。

ただし、この通達による取扱いは、あくまでも使用者主催のもので簡易な行事（例えば、新年会や忘年会、運動会など）について適用されるものであり、役員や従業員が受ける経済的利益が多額になる行事にまで適用があるものではない点は注意を要します[10)]。

⑶　裁決例

Point　慰安旅行では従業員にも一定の負担を

いわゆる会社が実施した慰安旅行で使用者が負担した旅費等について所基通36－30が適用されるかどうかが争われた事例は相当数ありますが、特に平

10）三又修 他編、前掲『逐条解説』332頁参照。

成22年12月17日裁決[11]が参考になります。

これは、従業員を参加者として実施した海外旅行の費用につき、課税庁が所基通36－30を適用せず、従業員が受けた経済的利益は給与に当たるとして、使用者に対して源泉所得税の納税告知処分を行ったところ、使用者がこの処分の取消しを求めて審査請求したという事案です。

これについて、国税不服審判所は、「官公庁及び民間企業からの依頼により賃金、労務管理、労働問題、経営管理等に関する各種調査研究の受託業務等を行っている法人……が会員企業に対して行った社内行事と余暇・レク活動等に関するアンケート調査の結果」を引用し、「海外への社員旅行を実施した企業の１人当たりの海外旅行費用平均額及び会社負担額」は図表２－１のとおりであったとしています。

その上で、この事案では、使用者が負担した従業員１人当たりの旅行費用の額が24万1300円であると認定の上、そのほか、ランドマーク的なホテルを１人１部屋使用したこと、現地の有名レストランで食事をした等の事情など、平均額を大きく上回る多額なものであるから、「少額不追求の観点から強いて課税しないとして取り扱うべき根拠はない」として、使用者の審査請求を退けました。

〈図表２－１〉１人当たりの海外旅行費用平均額及び会社負担額
（平成22年12月17日裁決より）

調査実施年月	平成11年７月	平成16年３月	平成21年12月
海外旅行費用平均額（①）	11万2421円	10万8000円	８万1154円
会社負担金額（②）	６万9089円	７万4000円	５万6889円
会社負担割合（②／①）	61.5%	68.5%	70.1%

11）国税不服審判所平成22年12月17日裁決、事例集81集329頁。

そのほかにも以下の２つの事例があります。

１つ目は平成10年６月30日裁決[12]です。この事案は、平成５年に九州旅行（１人当たりの旅費平均額約19万2003円）、平成６年にハワイ旅行（同約44万9918円）、平成７年に沖縄旅行（同約26万332円）が実施されたというものでしたが、国税不服審判所は、社会通念上一般的に行われていると認められる範囲内の福利厚生行事の経済的利益については課税しないとの所基通36－30の趣旨からすれば、これらの旅費はあまりに多額であり、また、従業員の家族が参加し、その旅行費用のほとんど全額を使用者が負担していることも考慮すれば、従業員が受けた経済的利益は給与に該当するとの判断を示しています。

もう１つは、平成８年１月26日裁決[13]であり、平成３年にシンガポール旅行（使用者負担の１人当たりの旅費約34万1000円）、平成４年にアメリカ西海岸旅行（同約45万4411円）、平成５年にカナダ旅行（同約52万円）が実施されたというものです。

この事案でも国税不服審判所は、「社会通念上一般的に行われている福利厚生行事と同程度のものとは認められない」として、従業員が受けた経済的利益は給与に該当するとしています。

これらの裁決例はいわゆるバブル経済時の事例であり、今日においてはあまり参考にならないかもしれませんが、少なくとも慰安旅行の際には従業員にも一定額を負担させることが必要になりますし、使用者の負担額によっては課税されるおそれがありますので、注意が必要と思われます。

2　永年勤続者の記念品等

Point　金銭で支給される場合は課税される

使用者が永年勤続した役員や従業員の表彰にあたり、その記念として旅行、

12）国税不服審判所平成10年６月30日裁決、事例集55集248頁。
13）国税不服審判所平成８年１月26日裁決、事例集51集346頁。

観劇等に招待し、または記念品（現物に代えて支給する金銭は含まない）を支給することにより当該役員または従業員が受ける利益で、次に掲げる要件のいずれにも該当するものについては、課税しなくて差し支えないとされています（所基通36－21）。

> ⑴　当該利益の額が、当該役員又は使用人〔筆者注：従業員〕の勤続期間等に照らし、社会通念上相当と認められること。
> ⑵　当該表彰が、おおむね10年以上の勤続年数の者を対象とし、かつ、２回以上表彰を受ける者については、おおむね５年以上の間隔をおいて行われるものであること。

この通達の趣旨は、長年勤務したことを理由として支給される記念品等については、一面では給与の後払い的な性格を帯びるものであり、給与ないし退職給与として課税される余地がありますが、一般的に儀礼的なものが多いといえ、このような経済的利益にまで課税することは相当ではない面もあることから、社会通念に照らして弊害のない範囲で課税しないこととする、というものです。

ただし、この取扱いを受けるのは記念品等の経済的利益に限られますので、記念品に代えて金銭を支給するような場合や一定の金額の範囲内で自由に品物を選択できるような場合には、給与として課税されることとなります[14)]。

また、永年勤続者に対して記念旅行券を支給する場合においては、支給対象者及び金額が次のとおりであれば、所基通36－21の適用があるとされています（所得税個別通達昭和60年２月21日直法６－４）。

> ・　満25年勤続者 … 10万円相当の旅行券
> ・　満35年勤続者 … 20万円相当の旅行券

14）三又修 他編、前掲『逐条解説』323頁参照。

3 創業記念品等

Point 記念行事の趣旨が同様であれば５年以上の間隔を

使用者が役員または従業員に対し創業記念、増資記念、工事完成記念または合併記念等に際し、その記念として支給する記念品（現物に代えて支給する金銭は含まない）で、次の要件のいずれにも該当するものについては、課税しなくても差し支えないとされています。

ただし、建築業者、造船業者等が請負工事または造船の完成等に際し支給するものについては、この限りではありません（所基通36－22）。

⑴　その支給する記念品が社会通念上記念品としてふさわしいものであり、かつ、そのものの価額（処分見込価額により評価した価額）が１万円以下のものであること。
⑵　創業記念のように一定期間ごとに到来する記念に際し支給する記念品については、創業後相当な期間（おおむね５年以上の期間）ごとに支給するものであること。

この通達の趣旨は、例えば、創業20周年や50周年など、区切りのよい年数ごとに記念行事を行うということは一般的であるところ、このような記念行事に支給される記念品は儀礼的な要素が強く、また、役員や従業員に限らず株主や取引先等の関係者にも供与されることなどを考慮し、課税上弊害のない範囲内で課税しないこととする、という点にあります。

ただし、この取扱いは記念品に係る経済的利益についてのものですので、記念品ではなく金銭を支給するような場合には、給与として課税されることとなります。

ところで、所基通36－22では「おおむね５年以上の期間ごと」という要件が設けられています。この要件は、あくまでも同趣旨の行事が複数回にわたって実施されるような場合を対象としたものであり、例えば、創業記念行事を２年ごとに行うことは一般的ではないため、仮にそのようなケースがあれば、記念品等は給与として課税することになります。したがって、同趣旨ではない記念行事、例えば、創業記念行事と上場記念行事であれば、同趣旨の行事ではないため、仮にこの両行事が同一年に実施されたような場合には、この通達の適用はないと考えて差し支えありません。

なお、処分見込価額が１万円を超えることにより課税される場合、その経済的利益の額は処分見込価額ではありません。その記念品の「その時における価額」（所基通36－15(1)）、つまり時価となりますので、注意が必要です[15)]。

また、ここでいう処分見込価額とは、明確な規定はありませんが、一般に「そのものの通常の小売販売価額（いわゆる現金正価）の60％相当額」とされているようです（所基通205－９(7)）。

ただし、建築業者、造船業者等が請負工事または造船の完成等に際し支給される記念品については、課税の対象となりますので、この点も注意が必要です。

15）三又修 他編、前掲『逐条解説』323-324頁参照。

4 貸付金の取扱い

従業員に対する貸付金の利息相当額に課税される場合も

1 金銭の無利息貸付等に対する課税の有無

(1) 原則的取扱い

Point 利息相当額には課税が原則

所得税法上、金銭以外の物または権利その他経済的利益は、収入金額に算入されて課税の対象となります（所得税法36条）。

そして、ここでいう「経済的利益」には、「金銭の貸付け又は提供を無利息又は通常の利率よりも低い利率で受けた場合における通常の利率により計算した利息の額又はその通常の利率により計算した利息の額と実際に支払う利息の額との差額に相当する利益」も含まれます（所基通36－15(3)）。

したがって、会社などの使用者が、役員や従業員に対し、無利息で貸し付けた場合、原則として、通常の利率により計算した利息の額は経済的利益とされ、その役員や従業員の給与として課税されます。

Point 紐付き融資の場合は元の融資の利率を

そうすると、ここでいう「通常の利率により計算した利息」（利息相当額）とはどの程度の利率による利息をいうのか、が問題となります。

使用者が役員または従業員に貸し付けた金銭の利息相当額について、当該金銭を使用者が金融機関などの第三者から借り入れ、その借入金を貸し付けたものであることが明らかな場合（いわゆる紐付き融資）には、その借入金の利率により評価することとされています。

また、第三者から借り入れた場合以外の場合には、「貸付けを行った日の属する年の租税特別措置法第93条第２項《利子税の割合の特例》に規定する特例基準割合による利率により評価する」こととされています（所基通36－49）。

〈図表２－２〉通常の利率

	通常の利率（利息相当額）
第三者からの借入金を貸し付けた場合	その借入金の利率
上記以外の場合	特例基準割合

なお、特例基準割合は変動するところ、各年の特例基準割合は図表２－３のとおりとなっています。

〈図表２－３〉特例基準割合

- 平成14年～平成18年中に貸付を行ったもの ……………… 年4.1%
- 平成19年中に貸付を行ったもの ……………………………… 年4.4%
- 平成20年中に貸付を行ったもの ……………………………… 年4.7%
- 平成21年中に貸付を行ったもの ……………………………… 年4.5%
- 平成22年～平成25年中に貸付を行ったもの ……………… 年4.3%
- 平成26年中に貸付を行ったもの ……………………………… 年1.9%
- 平成27年～平成28年中に貸付を行ったもの ……………… 年1.8%
- 平成29年中に貸付を行ったもの ……………………………… 年1.7%

【具体例その１】

Ａ社が金融機関より100万円を年利５％で借り入れ、その借入金100万円をＢ従業員に無利息で貸し付けた場合、Ｂ従業員に対して年間５万円の給与所得があるとして課税されます（ただし、後述の例外的取扱いは考えないものとする）。

【具体例その２】

Ｃ社が手元資金でもって、平成28年１月１日、Ｄ従業員に100万円を年利１％で貸し付けた場合、Ｄ従業員に対して年間8000円（※）の給与所得があるとして課税されます（ただし、後述の例外的取扱いは考えないものとする）。

※（1.8％－１％）×100万円＝8000円

⑵　例外的取扱い

Point　利息相当額を下回っても課税されない場合もある

使用者が役員や従業員に対し、福利厚生などの一環として、無利息または低利で金銭を貸し付けることは少なくありません。それらについても利息相当額に対して課税された場合、福利厚生などの目的に沿わないことも考えられます。

そこで、使用者が役員または従業員に対し金銭を無利息または利息相当額に満たない利息で貸し付けたことにより、その貸付を受けた役員または従業員が受ける経済的利益で、次の⑴～⑶に掲げるものについては、課税しなくて差し支えないものとされています（所基通36－28）。

⑴　災害、疾病等により臨時的に多額な生活資金を要することになった役員又は従業員に対し、その資金に充てるために貸し付けた金額につき、その返済に要する期間として合理的と認められる期間内に受ける経済的利益

→　これらの者の担税力などを考慮した措置です。

⑵　役員又は従業員に貸し付けた金額につき、使用者における借入金の平均調達金利（例えば、当該使用者が貸付けを行った日の前年中又は前事業年度中における借入金の平均残高に占める当該前年中又は前事業年度中に支払うべき利息の額の割合など合理的に計算された利率をいう。）など合理的と認められる貸付利率を定め、これにより利息を徴

していている場合に生じる経済的利益

→　平均調達金利をベースに貸付利率を定めている場合には、使用者が負担する利息と役員や従業員が負担する利息はほぼ同額といえ、役員や従業員に経済的利益はないと考えられるが、その利率が利息相当額（特例基準割合）に比べて低い場合には、理論上、その差額が経済的利益として認識されてしまうため、その差額についても課税しないことを明らかにした措置です。

(3)　(1)及び(2)の貸付金以外の貸付金につき受ける経済的利益で、その年（使用者が事業年度を有する法人である場合には、その法人の事業年度）における利益の合計額が5,000円（使用者が事業年度を有する法人である場合において、その事業年度が１年に満たないときは、5,000円にその事業年度の月数（１月未満の端数は１月に切り上げた月数）を乗じて12で除して計算した金額）以下のもの

→　少額不追求の観点から課税しないこととした措置です。

（注）「使用人」を「従業員」に読み替えて記載。

Point　平均調達金利の算出方法に注意

ところで、このうち(2)の「借入金の平均調達金利」とは具体的にどの程度の利率か、が問題となります。

「借入金の平均調達金利」とは、基本的には、「一定の計算対象期間における金融機関等からの借入金の平均残高に占める当該借入金に係る利息の額の割合を基とした金利」[16]をいい、計算式としては下記のとおりとなります。

■　借入金の平均調達金利の計算式

$$\text{借入金の平均調達金利（\%）} = \frac{\text{計算対象期間中に支払うべき利息の額}}{\text{計算対象期間中における借入金の平均残高}} \times 100$$

16）三又修 他編、前掲『逐条解説』327頁。

この計算式の分子に当たる「計算対象期間中に支払うべき利息の額」については損益計算書等から借入金の利息を集計すれば足ります。しかし、一方の分母に当たる「計算対象期間中における借入金の平均残高」については、新規借入や追加借入などによる増加や一部または全部返済などによる減少がありますので、その計算方法に疑問が生ずるところです。この点につき、原則的方法と簡便な方法を下記に紹介します。

■　借入金の平均残高計算の具体例

・　計算対象期間　１月１日から12月31日まで（365日）

・　借入金の内訳

借入金Ａ：常に残高300万円

借入金Ｂ：１月１日に200万円借りて、６月30日に100万円返済

借入金Ｃ：７月１日に300万円借りて、10月31日に全額返済

借入金Ｄ：８月１日に100万円借りて、翌年３月31日に返済予定

（原則的方法）

借入金Ａ：300万円×365日	＝109,500万円
借入金Ｂ：200万円×181日＋100万円×184日	＝ 54,600万円
借入金Ｃ：300万円×123日	＝ 36,900万円
借入金Ｄ：100万円×153日	＝ 15,300万円
	216,300万円

216,300万円÷365日≒592.60万円（借入金の平均残高）

（簡便な方法）

１月末：借入金Ａ（300万円）＋Ｂ（200万円）	＝500万円
２月末：借入金Ａ（300万円）＋Ｂ（200万円）	＝500万円
３月末：借入金Ａ（300万円）＋Ｂ（200万円）	＝500万円
４月末：借入金Ａ（300万円）＋Ｂ（200万円）	＝500万円
５月末：借入金Ａ（300万円）＋Ｂ（200万円）	＝500万円

6月末：借入金A（300万円）＋B（200万円）		＝500万円
7月末：借入金A（300万円）＋B（100万円）＋C（300万円）		＝700万円
8月末：借入金A（300万円）＋B（100万円）＋C（300万円）	＋D（100万円）	＝800万円
9月末：借入金A（300万円）＋B（100万円）＋C（300万円）	＋D（100万円）	＝800万円
10月末：借入金A（300万円）＋B（100万円）＋C（300万円）	＋D（100万円）	＝800万円
11月末：借入金A（300万円）＋B（100万円）	＋D（100万円）	＝500万円
12月末：借入金A（300万円）＋B（100万円）	＋D（100万円）	＝500万円
		7,100万円

7,100万円÷12か月≒591.67万円（借入金の平均残高）

Point　住宅取得資金の貸付等の特例は廃止に

従業員（役員を除く）が住宅等の取得の資金に充てるため、使用者が従業員に対して無利息または低利で貸し付けた場合などには、さらに特例として非課税の措置が講じられていました（旧・租税特別措置法（以下「租特法」という）29条）。

すなわち、①住宅等の取得に要する資金に充てるため、その使用者から無利息または低利による利息で受けた場合における経済的利益、②住宅等の取得に要する資金を金融機関等から借り受けている場合の利息の支払いに充てるため、その使用者から利息の全部または一部に相当する金額を受けた場合の利息補給金、③勤労者財産形成促進法に基づき、その使用者や事業主団体が講ずる負担軽減措置により受ける経済的利益または補給金――については、非課税とされていました。

しかしながら、平成22年度税制改正により、この特例措置創設から43年が経過して社内融資制度や利息補給金制度を実施している企業数が減少したこと、この特例措置の利用者が大幅に減少しており、一部の者に限られた特例となっていること、住宅ローン控除制度との併用適用が可能であり、住宅ローン控除制度のみを利用している者と比較すると平等性に欠けることなどのため、平成22年12月31日の経過により廃止されました。

ただし、平成22年12月31日以前に使用者等から住宅資金の貸付等を受けている者については、この特例を適用するための所要の経過措置が講じられています（改正法附則58条）。

2　裁判例 ～名古屋地裁平成10年4月13日判決[17)]

Point　貸付金名目でない場合に貸付金認定される場合も

使用者から役員や従業員への貸付金の利息に対する課税をめぐる問題には様々なものがありますが、名目上貸付金とされている場合において利息の利率が問題となるケースはもちろんのこと、貸付金という名目ではない金銭の役員等に対する支出が貸付金として認定され、利息相当額に対する課税がなされるケースも少なくありません。

その1つとして、名古屋地裁平成10年4月13日判決の事案があります。

これは、会社が架空外注費等の計上によって得た金銭を代表者が費消していたケースで、課税庁が、その金銭は会社の代表者に対する貸付金であり、その貸付金に対する利息相当額（年10％）が代表者が得た経済的利益（役員報酬）であるとして会社に対して源泉所得税の納税告知処分をしたのに対し、会社がこの課税処分を争った事案です。これに対し、裁判所は、課税庁による貸付金との認定を正当として課税処分を有効とする判断を示しました。

会社は、貸付金であると認定するには、代表者が会社から借り受ける趣旨の意思表示のほか利率や返済期限についての合意が必要であるが、本件ではそれはない旨主張しました。しかし、裁判所は、架空外注費等を計上して会社の簿外資金を増大させた目的は会社の規模を拡大することに主眼があり、将来的には代表者から会社に対する返済が予定されていたものであって、永続的に代表者に帰属させる趣旨ではなかった旨認定し、会社の主張を排斥しています。

17）名古屋地裁平成10年4月13日判決、税資231号522頁。

そして、この事案では、架空外注費等の計上によって捻出した簿外資金をもってした利息相当額の追徴税額の処分であるため、本来の源泉所得税のみならず、重加算税も課されています。

このように貸付金という名目でないにもかかわらず、貸付金と認定され、利息相当額に対して課税されるという思わぬ結果を招く可能性がありますので、会社と役員・従業員との間で金銭のやり取りをする場合には注意が必要です。

社宅や寮の貸与（従業員）

社宅等の無償貸与による利益が給与として課税される場合も

1 従業員に対する社宅や寮などの貸与

(1) 所得税法上の取扱い

Point 賃貸料相当額が経済的利益として課税される

所得税法上、金銭以外の物または権利その他経済的利益は、収入金額に算入されて課税の対象となります（所得税法36条）。

そして、ここでいう経済的利益には、「土地、家屋その他の資産（金銭を除く。）の貸与を無償又は低い対価で受けた場合における通常支払うべき対価の額又はその通常支払うべき対価の額と実際に支払う対価の額との差額に相当する利益」も含まれます（所基通36－15(2)）。

したがって、会社などの使用者が従業員に対し、社宅や寮などを無償で貸与した場合、原則として、通常支払うべき対価の額は経済的利益とされ、その従業員の給与として課税されます。

ところで、ここでいう「通常支払うべき対価の額」（賃貸料相当額）はいくらかが問題となりますが、この点、所基通では次の計算式（**賃貸料相当額の計算式(1)**参照）により計算した金額と定められています（所基通36－45、36－41）。

したがって、従業員に対して無償にて貸与している場合には、この計算式により計算された賃貸料相当額の全額が経済的利益とされ、給与所得として課税されます。また、従業員から賃料を徴収している場合には、この賃貸料相当額と実際に徴収している額との差額が経済的利益とされ、給与所得として課税されます。

■　賃貸料相当額の計算式(1)

賃貸料相当額（月額）	＝	その年度の家屋の固定資産税の課税標準額	× 0.2%	＋	12円	×	その家屋の総床面積（㎡）	÷	3.3（㎡）
	＋	その年度の敷地の固定資産税の課税標準額	× 0.22%						

（注）　使用者が第三者から借り受けた住宅等を社宅や寮などとして従業員に貸与する場合の賃貸料相当額についても、この算式によって計算することとされています（国税庁「平成29年版 源泉徴収のあらまし」参照）。

ただし、この計算式により計算された賃貸料相当額の50％相当額以上を従業員から実際に徴収していれば、経済的利益はなかったものとして取り扱うこととされています（所基通36－47）。

(2)　敷地（土地）だけを貸与した場合

Point　更地価額のおおむね６％が相当な地代

ところで、使用者が従業員に対して敷地（土地）だけを貸与した場合で、その敷地を将来当該従業員が無償で返還することとしているときは、その敷地に係る賃貸料相当額については、**賃貸料相当額の計算式(1)**は適用されず、家屋の床面積の広狭にかかわらず、**賃貸料相当額の計算式(2)**（36頁）により計算した金額が賃貸料相当額として取り扱われます（所基通36－45の２、法基通13－１－２）。この点、法人税の取扱いでは、法人が借地権を設定し他人に土地を使用させる場合、通常収受すべき借地権利金を収受せず、かつ、その地代の額が相当地代に満たないときは、借地権利金相当額の認定課税をするというのが原則とされています（法基通13－１－３）。

■ 賃貸料相当額の計算式(2)

賃貸料相当額（月額）	＝	その年度の敷地の固定資産税の課税標準額	×	6％	×	1	÷	12

ただし、上記のような場合であっても、借地権設定に係る契約書において、借地人が土地を無償で返還することを明記し、かつ、その旨を税務署長に届け出たときは、認定課税を実際収受する地代と相当地代との差額の部分にとどめるとされています。

これを受け、使用者が従業員に対し、敷地だけを貸与した場合で、その敷地を将来当該従業員が無償で返還することとしているときは、実際の地代と相当地代との差額が従業員に対する給与として扱われることとなります[18)]。そして、ここでいう「相当の地代」は、更地価額に対しておおむね年６％[19)]とされています。

2 賃貸料算出についての細目

賃貸料相当額の算出にあたっては、次の点に留意する必要があります。

(1) 区分所有建物などの場合

Point 合理的に按分して算出する

例えば、マンションの一室のようにその貸与した家屋が１棟の建物の一部

---

18) 三又修 他編、前掲『逐条解説』357頁参照。
19) 法基通13－１－２では「年８％」と規定されていますが、当分の間は「年６％」とされています（法人税個別通達平成元年3月30日直法２－２）。

である場合や１筆の土地の一部が建物の敷地となっている場合、または、同一の敷地に２棟以上の建物がある場合などのように、固定資産税の課税標準額がその貸与した家屋または敷地以外の部分を含めて決定されている場合には、その家屋または敷地についての固定資産税の課税標準額を基として求めた賃貸料相当額をその建物または敷地の状況に応じて合理的に按分するなどにより、その貸与した家屋または敷地に対応する通常の賃貸料相当額を計算することとされています（所基通36－42⑴）。

⑵　固定資産税の課税標準額が改訂された場合

Point　20％以内の増減の場合は考慮不要

土地または建物の固定資産税の課税標準額が改訂された場合は、その改訂後の課税標準額に係る固定資産税の第１期の納期限の翌月分から、その改訂後の課税標準額を基として通常の賃貸料相当額を計算することとされています（所基通36－42⑵）。

ただし、改訂があっても、その改訂後の課税標準額が現に通常の賃貸料の額の計算の基礎となっている課税標準額に比較して20％以内の増減にとどまるときは、現にその計算の基礎となっている課税標準額を基として計算することでも差し支えないとされています（所基通36－46）。これは、改訂の度に賃貸料相当額を計算し直すことは相当煩雑であることを考慮しての規定とされています[20)]。もっとも、この取扱いは、使用者が従業員に対して貸与している場合のみに適用されるものであり、役員に対して貸与している場合には適用されませんので、注意が必要です。

20）三又修 他編、前掲『逐条解説』353頁参照。

(3)　年の中途で新築した社宅の場合

Point　類似する社宅等を基に算出する

年の中途で新築した社宅のように固定資産税の課税標準額が定められていないものである場合の通常の賃貸料相当額は、その社宅等と状況の類似する社宅等の固定資産税の課税標準額に比準する価額を基として計算することとされています（所基通36－42(3)）。

その後、当該物件の固定資産税の課税標準額が決まれば、その第１期の固定資産税の納期限の翌月分からその課税標準額を前提として計算することとなります[21)]。

(4)　月の中途で従業員社宅とされた場合

Point　居住の用に供された日の翌月分から算出

社宅等が月の中途で従業員の居住の用に供されたものである場合には、その居住の用に供された日の翌月分から、従業員に貸与した社宅等として賃貸料相当額を計算することとされています（所基通36－42(4)）。

(5)　経済的利益の有無の判定上のプール計算

Point　徴収額を合算して計算することが可能

使用者が住宅等を貸与したすべての従業員から、その貸与した住宅等の状況に応じてバランスのとれた賃貸料を徴収している場合において、その徴収している賃貸料の額の合計額が従業員に貸与したすべての住宅等について、**賃貸料相当額の計算式**(1)（35頁）により計算した賃貸料相当額の合計額の50

21）三又修 他編、前掲『逐条解説』354頁参照。

％相当額以上であるときは、これらのすべての従業員につき住宅等の貸与による経済的利益はないものとされています（所基通36－48前段）。

また、この場合において、従業員に貸与したすべての住宅等につき一括してこれらの合計額を計算することが困難であるときは、１か所または数か所の事業所等ごとにその所属する住宅等の全部を基として計算しても差し支えないとされています（同後段）。これは、**賃貸料相当額の計算式⑴**（35頁）により計算した賃貸料相当額は、家屋の建築年次の新旧、構造等の違いにより、必ずしもその利用価値を反映しない場合もあるため、その法人の内部の問題として、その徴収すべき賃貸料の額を合理的に調整することを認めようとする趣旨によるものとされています。

したがって、特定の従業員に限って賃貸料を全く徴収しないような場合には、このような取扱いは認められません。また、このプール計算は役員に貸与した社宅を含めることはできないこととされていますので[22)]、この点は注意が必要です。

3　職務上の必要に基づく住宅等の貸与

Point　職務上必要であれば課税なし

ところで、給与所得を有する者でその職務の遂行上やむを得ない必要に基づき使用者から指定された場所に居住すべき者がその指定する場所に居住するために家屋の貸与を受けたことによる経済的利益には課税されないこととされています（所得税法施行令21条４号）。

そして、このような家屋としては、次に掲げるようなものが該当するとされています（所基通９－９）。

⑴　船舶乗組員に対し提供した船室
⑵　常時交替制により昼夜作業を継続する事業場において、その作業に

22）三又修 他編、前掲『逐条解説』354頁参照。

従事するため常時早朝又は深夜に出退勤をする従業員に対し、その作業に従事させる必要上提供した家屋又は部屋

⑶　通常の勤務時間外においても勤務を要することを常例とする看護師、守衛等その職務の遂行上勤務場所を離れて居住することが困難な従業員に対し、その職務に従事させる必要上提供した家屋又は部屋

⑷　次に掲げる家屋又は部屋

イ　早朝又は深夜に勤務することを常例とするホテル、旅館、牛乳販売店等の住み込みの従業員に対して提供した部屋

ロ　季節的労働に従事する期間その勤務場所に住み込む従業員に対し提供した部屋

ハ　鉱山の掘採場（これに隣接して設置されている選鉱場、製錬場その他の附属設備を含む。）に勤務する従業員に対し提供した家屋又は部屋

ニ　工場寄宿舎その他の寄宿舎で事業所等の構内又はこれに隣接する場所に設置されているものの部屋

（注）「使用人」を「従業員」に読み替えて記載。

このような家屋は一般的な社宅等とは異なり、その供与が従業員に給与の一形態としてのサービスを供与するために行われるものではなく、むしろ業務遂行上必要があっての供与であって、それによって従業員が受ける経済的利益は副次的なものにとどまるため、課税することは相当ではない、というのがこの通達の趣旨です[23)]。

23）三又修 他編、前掲『逐条解説』80頁参照。

6 社宅や寮の貸与（役員）

役員への社宅等の提供により思わぬ課税を受ける場合も

1 役員に対する社宅や寮などの貸与

⑴ はじめに

Point 従業員の場合と同様、賃貸料相当額に対して課税

前述のとおり、所得税法上、金銭以外の物または権利その他経済的利益は、収入金額に算入されて課税の対象となり（所得税法36条）、ここでいう経済的利益には、「土地、家屋その他の資産（金銭を除く。）の貸与を無償又は低い対価で受けた場合における通常支払うべき対価の額又はその通常支払うべき対価の額と実際に支払う対価の額との差額に相当する利益」も含まれます（所基通36－15⑵）。

したがって、会社などの使用者が役員に対し、社宅や寮などを無償で貸与した場合、従業員の場合と同様、原則として、通常支払うべき対価の額は経済的利益とされ、その役員の給与として課税されます。

⑵ 賃貸料相当額

Point 一定の規模以上の社宅等では従業員の場合と異なる計算式を

ところで、ここでいう「通常支払うべき対価の額」（賃貸料相当額）についてですが、役員の場合、社宅等の規模に応じてその計算式が異なります。

①　小規模住宅等の場合 ～従業員の場合と同様の計算式

まず、その貸与した家屋の床面積（２以上の世帯を収容する家屋については、１世帯として使用する部分の床面積をいう。なお、専用部分の床面積だけでなく、共用部分の床面積についても、使用部分を適宜見積もって含める必要がある）が132平方メートル（木造家屋以外の家屋については99平方メートル）以下であるものについては、**賃貸料相当額の計算式①ア**により計算した金額と定められています（所基通36－41）。

そして、この計算式は、従業員の場合と同様のものです。

■　賃貸料相当額の計算式①ア

賃貸料相当額（月額）＝その年度の家屋の固定資産税の課税標準額 × 0.2％ ＋ 12円 × その家屋の総床面積（㎡）÷ 3.3（㎡）

＋ その年度の敷地の固定資産税の課税標準額 × 0.22％

（注）１　使用者が第三者から借り受けた住宅等を社宅や寮などとして役員に貸与する場合の賃貸料相当額についても、この算式によって計算することとされています（国税庁「平成29年版 源泉徴収のあらまし」参照）。

２　「木造家屋以外の家屋」とは、耐用年数省令別表第１に規定する耐用年数が30年を超える住宅用の建物をいい、木造家屋とは、当該耐用年数が30年以下の住宅用の建物をいいます。

ただし、敷地（土地）だけを貸与した場合、この計算式は適用されず、家屋の床面積の広狭にかかわらず、**賃貸料相当額の計算式①イ**により計算した金額が賃貸料相当額として取り扱われます（所基通36－45の２、法基通13－１－２）。

■　賃貸料相当額の計算式①イ

賃貸料相当額（月額）＝その年度の敷地の固定資産税の課税標準額 × ６％ × １ ÷ 12

②　①以外の場合 ～従業員の場合と異なる計算式

次に、その貸与した家屋の床面積（定義は①と同じ）が132平方メートル（木造家屋以外の家屋については99平方メートル）を超えるものについては、**賃貸料相当額の計算式②**により計算した金額と定められています（所基通36－40）。

■　賃貸料相当額の計算式②

$$\text{賃貸料相当額（月額）} = \left\{ \text{その年度の家屋の固定資産税の課税標準額} \times 12\%^{(※)} + \text{その年度の敷地の固定資産税の課税標準額} \times 6\% \right\} \div 12$$

※　木造家屋以外の家屋については10%。

（注）　家屋だけまたは敷地だけを貸与した場合には、その家屋だけまたは敷地だけについて上記の取扱いを適用します。

ただし、使用者が他から借り受けて貸与した住宅等で当該使用者の支払う賃借料の額の50%に相当する金額が、この計算式により計算した金額を超えるものについては、その50%に相当する金額が賃貸料相当額とされています。

③　豪華役員社宅の場合 ～個別具体的に判断

使用者が役員に貸与した住宅等が社会通念上一般に貸与されている住宅等と認められないもの（これを「豪華役員社宅」という）に該当する場合には、上記①や②の計算式の適用は認められていません。

そして、豪華役員社宅に該当するかどうかの判定は、家屋の床面積（業務に関する使用部分等がある場合のその部分を除く）が240平方メートルを超えるものについては、当該住宅等の取得価額、支払賃貸料の額、内外装その他の設備の状況等を総合勘案して行うこととなっています。

また、家屋の床面積が240平方メートル以下であっても、一般に貸与されている住宅等に設置されていないプール等のような設備もしくは施設または役員個人の嗜好等を著しく反映した設備もしくは施設を有する住宅等もいわゆる豪華役員社宅とされる扱いとなっています（所得税個別通達平成７年４月３日課法８－１）。

そして、この豪華役員社宅についての賃貸料相当額の算出には、①や②の計算式は適用されず、その住宅等の利用につき通常支払うべき使用料その他その利用の対価に相当する額（その住宅等が一般の賃貸住宅である場合に授受されると認められる賃貸料の額）とされています（所得税法施行令84条の２）。

これは、「具体的には、その住宅等の近隣の賃貸物件のうち、その規模、構造、建築後の年数や物件の所在地の状況等が類似する住宅等の賃貸料の額（その住宅等そのものの賃貸料が求められないときは、１坪当たりの賃貸料単価を参考にして求めた金額）又はその住宅等の取得価額その他の状況等を参考として算定すること」となります[24)]。

④　計算の特例 ～使用状況によっては減額も

役員に貸与した社宅等について、例えば社宅で打合せを行う場合や得意先を招待する場合、その他使用者の業務のために使用することが考えられ、また、単身赴任者が広い社宅等の貸与を受けても実際に使用しているのはその一部にすぎない場合なども少なくないため、このような場合には、その実際の使用状況を考慮して賃貸料相当額を定めるのが原則ですが、実務上の手数を省略するため、使用者がこれらの社宅等について次に掲げる金額をその賃貸料として徴収していることを条件として、その徴収している金額を賃貸料相当額として差し支えないとされています（所基通36－43）。

ア　公的使用に充てられる部分がある住宅

①または②の計算式で計算した額の70％以上に相当する額

イ　単身赴任者のような者が一部を使用しているにすぎない住宅

①または②の計算式で計算した額のうち床面積50平方メートルに対応する金額以上の金額

ただし、これらの住宅等について全く賃貸料を徴収していない場合、または、アまたはイの金額に満たない賃貸料しか徴収していない場合には特例の適用はなく、原則どおり、個々の使用の実情を踏まえて賃貸料相当額を定め

24）冨永賢一『源泉所得税 現物給与をめぐる税務（平成27年版）』（大蔵財務協会）245頁。

ることとなります。

また、豪華役員社宅については、そもそもアまたはイの適用はありません。

2　賃貸料算出についての細目

⑴　はじめに

Point　役員には適用されない細目に要注意

従業員についての賃貸料相当額の算出にあたっては、以下の各場合に適用される細目があることは、「5　社宅や寮の貸与（従業員）」(34頁）にて解説したとおりです。

①　区分所有建物などの場合
②　固定資産税の課税標準額が改訂された場合
③　年の中途で新築した社宅の場合
④　月の中途で従業員社宅とされた場合
⑤　経済的利益の有無の判定上のプール計算

このうち①、③及び④については、役員についての賃貸料相当額の算出にあたっても、従業員についての場合と同様に適用されます。

しかし、②及び⑤については、従業員の場合とは異なる取扱いがなされています。

⑵　②　固定資産税の課税標準額が改訂された場合

Point　増減20％以内の場合の計算省略は適用されず

土地または建物の固定資産税の課税標準額が改訂された場合は、その改訂後の課税標準額に係る固定資産税の第１期の納期限の翌月分から、その改訂後の課税標準額を基として通常の賃貸料相当額を計算することとされています（所基通36－42(2)）。

この点は、従業員の場合と同様です。しかし、従業員の場合に認められていた計算の省略の取扱い、つまり、改訂があっても、その改訂後の課税標準額が現に通常の賃貸料の額の計算の基礎となっている課税標準額に比較して20％以内の増減にとどまるときは、現にその計算の基礎となっている課税標準額を基として計算することでも差し支えない、という取扱いは、役員の場合には適用されていません。

(3)　⑤　経済的利益の有無の判定上のプール計算

Point　従業員と役員とは別々に計算する

使用者が住宅等（ただし、豪華役員社宅を除く）を貸与したすべての役員からその貸与した住宅等の状況に応じてバランスのとれた賃貸料を徴収している場合において、その徴収している賃貸料の額の合計額が、役員に貸与したすべての住宅等について前掲の各計算式（**賃貸料相当額の計算式①ア、イ**（42頁）、**賃貸料相当額の計算式②**（43頁）。ただし、豪華役員社宅を除く）により計算した賃貸料相当額の合計額以上であるときは、これらのすべての役員につき住宅等の貸与による経済的利益はないものとされています（所基通36－44）。

しかし、このプール計算には従業員に貸与した社宅等を含めることはできません。すなわち、従業員は従業員、役員は役員、と別々に計算する必要があります（所基通36－48）。

また、従業員の場合に認められている取扱い、つまり、従業員に貸与したすべての住宅等につき一括してこれらの合計額を計算することが困難であるときは、1か所または数か所の事業所等ごとにその所属する住宅等の全部を基として計算しても差し支えない、という取扱いも、役員の場合には適用されませんので、この点も注意が必要です。

会社負担の生命保険料

会社負担の生命保険料が給与として課税される場合も

1　はじめに

生命保険契約と一口にいっても様々な契約内容の保険が存在しますが、主には次の３つの種類の生命保険契約があります[25]。

①　養老保険

「被保険者が死亡した場合に保険金が支払われるほか、保険期間の満了時に被保険者が生存している場合にもいわゆる満期保険金が支払われることとなっている生命保険（生死混合保険）」をいいます。その保険料は、「満期保険金の支払財源に充てるための積立保険料と、被保険者が死亡した場合の死亡保険金の支払財源に充てるための危険保険料及び新規募集費その他の経費に充てるための付加保険料」から成っています。

②　定期保険

「一定期間内に被保険者が死亡した場合にのみ保険金が支払われる生命保険（死亡保険）」をいいます。「養老保険のように満期保険金がないため、その保険料の中身はいわゆる掛捨ての危険保険料と付加保険料のみ」です。

③　定期付養老保険

「養老保険に定期保険を付したもの」をいいます。

25）三又修 他編、前掲『逐条解説』333-336頁。

2 使用者契約の生命保険料の取扱い

(1) 養老保険

Point 受取人が役員や従業員であれば原則課税

養老保険について、会社などの使用者が契約者となり、役員や従業員を被保険者として養老保険に加入してその保険料を支払った場合には、養老保険に万一の場合の保障と貯蓄との二面性があることから、保険金受取人が誰であるかに応じて、使用者が支払った保険料についての取扱いが異なります（所基通36－31）。

① 死亡保険金・生存保険金ともに使用者が受取人の場合

養老保険の貯蓄性に着目し、保険事故の発生または保険契約の解除もしくは失効により保険契約が終了するまでは使用者において資産として計上することとなりますので、役員や従業員に対する給与とはされません。

② 死亡保険金・生存保険金ともに被保険者またはその遺族が受取人の場合

養老保険の万一の保障に着目し、被保険者である役員や従業員に経済的利益があるとされ、保険料全額が給与として課税されます。

③ 死亡保険金は被保険者の遺族・生存保険金は使用者の場合

保険料のうち、まず、生存保険金に係る部分（積立保険料部分）は使用者において資産計上することとなり、役員や従業員に対する給与として課税されません。

次に、死亡保険金に係る部分（危険保険料部分）については、②の取扱いから役員や従業員の給与とされそうですが、後述の「定期保険」の場合の取扱い及び法人税法上一種の福利厚生費として損金算入が可能であることとのバランス上、役員や従業員に対する給与とはされません。

〈図表２－４〉養老保険の保険料の取扱い（所得税の課税・非課税）

	保険金受取人		保険料の取扱い
	死亡保険金	生存保険金	
①	使用者	使用者	非課税
②	役員・従業員の遺族	役員・従業員	課税
③	役員・従業員の遺族	使用者	非課税（※）

※　役員や特定の従業員（これらの親族を含む）のみを被保険者としている場合、保険料の２分の１につき課税。

ただし、役員や特定の従業員（これらの親族を含む）のみを被保険者としているような場合には、明らかに特定の者に対して経済的利益を供与していることになりますので、危険保険料部分につき給与として課税されます。

なお、積立保険料と危険保険料との区分については、契約者において知ることが困難であることから、便宜上、保険料の２分の１を積立保険料、残額を危険保険料として計算することとされています。

以上を図示しますと、図表２－４のとおりとなります。

(2)　定期保険

Point　掛捨てであるため原則非課税

定期保険については、貯蓄性がないので、死亡保険金の受取人を使用者とする場合には、その保険料は一種の金融費用的なものとして必要経費または損金の額に算入され、役員や従業員の給与として課税されません。

これに対し、死亡保険金の受取人を被保険者の遺族とする場合、遺族に経済的利益があるとして、保険料は給与として課税されそうですが、被保険者が死亡した場合にはじめてその遺族が死亡保険金を受け取るものですので、保険料の払込み段階で一律に給与として課税するというのも実情にそぐわな

〈図表2－5〉定期保険の保険料の取扱い（所得税の課税・非課税）

	保険金受取人	保険料の取扱い
①	使用者	非課税
②	役員・従業員の遺族	非課税（※）

※　役員や特定の従業員（これらの親族を含む）のみを被保険者としている場合、保険料の全額につき課税。

いことから、いわば一種の福利厚生費と扱われ、給与として課税しないこととされています。

もっとも、被保険者が役員や特定の従業員（これらの親族を含む）のみである場合には、当該役員や従業員に対して経済的利益を供与したものとされ、その保険料相当額につき給与として課税されます（以上、所基通36－31の２）。

以上を図示しますと、図表2－5のとおりとなります。

(3)　定期付養老保険

Point　保険料を区分できるかどうかがポイント

定期付養老保険は、養老保険に定期保険が付されたものをいいますが、その保険料は、養老保険に係る部分と定期保険に係る部分があります。

そこで、養老保険に係る部分と定期保険に係る部分とが明確に区分されている場合には、それぞれの保険料の内容に応じて、前記(1)または(2)のとおり、それぞれの保険料の取扱いの例によるとされています。

これに対し、養老保険に係る部分と定期保険に係る部分とが明確に区分されていない場合には、その全額を養老保険に係る保険料とみなして、前記(1)のとおりの保険料の取扱いの例によるとされています（以上、所基通36－31の３）。

以上を図示しますと、図表2－6のとおりとなります。

〈図表２-６〉定期付養老保険の保険料の取扱い（所得税の課税・非課税）

		保険金受取人		保険料の取扱い	
		死亡保険金	生存保険金	養老保険相当部分	定期保険相当部分
保険料が明確に区分されている場合	①	使用者	使用者	非課税	非課税
	②	役員・従業員の遺族	役員・従業員	課税	非課税(※2)
	③	役員・従業員の遺族	使用者	非課税(※1)	非課税(※2)
上記以外の場合	①	使用者	使用者	非課税	
	②	役員・従業員の遺族	役員・従業員	課税	
	③	役員・従業員の遺族	使用者	非課税(※1)	

※１　役員や特定の従業員（これらの親族を含む）のみを被保険者としている場合、保険料の２分の１につき課税。

※２　役員や特定の従業員（これらの親族を含む）のみを被保険者としている場合、保険料の全額につき課税。

(4)　傷害特約等の特約を付した場合

Point　特約保険料は原則非課税

使用者を契約者として、役員や従業員（これらの親族を含む）を被保険者とする傷害特約等の特約付きの生命保険（養老保険、定期保険、定期付養老保険）に加入し、その特約に係る保険料を支払った場合には、役員や従業員に経済的利益はないとして給与として課税されないこととされています。

ただし、役員や特定の従業員のみを傷害特約等に係る給付金の受取人としている場合や、役員や従業員の全部または大部分が同族関係者である法人については、その役員や従業員の全部を特約給付金の受取人としている場合であっても、同族関係者である役員や従業員については、その特約に係る保険料が給与として課税されることとなります（以上、所基通36－31の４）。

⑸　旧簡易生命保険など

Point　旧簡易生命保険などにも前記⑴～⑷の取扱いを準用する

前記⑴～⑷の取扱いについては、生命保険会社や外国保険事業者と締結した生命保険契約に限られず、旧簡易生命保険契約や生命共済契約等についても、同様の取扱いがなされることとされています（所基通36－31の６）。

3　その他の保険契約の取扱い

Point　損害保険などは原則非課税

次に掲げる保険契約や共済契約については、使用者が契約者となり、満期返戻金や満期共済金の受取人を使用者としている場合、それに係る保険料や掛金は、役員や従業員に対する給与としては課税されません。ただし、役員や特定の従業員のみを対象としている場合には、保険料相当額が給与として課税されます（所基通36－31の７）。

⑴　役員又は従業員（これらの者の親族を含む。）の身体を保険の目的とする法〔所得税法〕第76条第６項第４号に掲げる保険契約〔いわゆる第３分野の保険契約〕及び同条第７項に規定する介護医療保険契約等
⑵　役員又は従業員（これらの者の親族を含む。）の身体を保険若しくは共済の目的とする損害保険契約又は共済契約
⑶　役員又は従業員に係る法〔所得税法〕第77条第１項《地震保険料控除》に規定する家屋又は資産（役員又は従業員から賃借している建物等で当該役員又は従業員に使用させているものを含む。）を保険若しくは共済の目的とする損害保険契約又は共済契約

（注）１　〔　〕内は筆者注。
　　　２　「使用人」を「従業員」に読み替えて記載。

4 役員・従業員契約の生命保険料の取扱い

Point 保険料を使用者が負担すれば課税

役員や従業員が契約した生命保険契約等で以下に掲げるような保険料や掛金について、使用者が負担した場合には、その負担額は、当該役員や従業員に対する給与等として課税されることになります（所基通36－31の８）。

① 所得税法76条５項に規定する新生命保険契約等、同条６項に規定する旧生命保険契約等及び同条７項に規定する介護医療保険契約等または同法77条２項に規定する損害保険契約等に係る保険料または掛金（確定給付企業年金規約及び適格退職年金契約に係るものを除く）

② 社会保険料（所得税法74条２項に規定するもの）

③ 小規模企業共済等掛金（所得税法75条２項に規定するもの）

5 少額な保険料等の取扱い

Point 月額300円以下であれば原則非課税

使用者が保険料を負担した場合であっても、その負担額が少額であれば、役員や特定の従業員のみを対象としている場合を除き、強いて課税しないこととされています。そして、少額であるかどうかについては、それぞれの役員や従業員について、その月中に負担する保険料の合計額が300円以下であるかどうかによります。

ただし、保険料の支払いが年払いまたは半年払いなどの場合には、その月割額が300円以下かどうかにより判定することとされています。また、使用者が保険契約に基づく剰余金や割戻金等の支払いを受けた場合には、その支払いを受けた後に支払った保険料の累計額が、その支払いを受けた剰余金、割戻金等の金額に達するまでは使用者が負担した金額はないものとして、300円以下であるかどうかを判定することとされています（以上、所基通36－32）。

もっとも、使用者が役員または特定の従業員（これらの親族を含む）のみを対象として保険料等を負担している場合には、少額であっても課税されますので、注意が必要です。

8 所得税の納税地と生命保険料控除

平成24年1月1日からの給与等の支払いに適用

1 源泉徴収に係る所得税の納税地の改正

Point 主要な事務を取り扱う事務所等の所在地が納税地

源泉徴収に係る所得税の納税地については、「当該給与等支払者の事務所、事業所その他これらに準ずるものでその支払事務を取り扱うもののその支払の日における所在地」とされています（所得税法17条）。

つまり、給与等の支払事務を取り扱う事務所等の所在地が源泉所得税の納税地となります。

Point 事務所等を移転した場合の納税地が改正に

ところで、源泉所得税は、原則として、給与等の支払いをする者が給与等の支払いの際に徴収し、その徴収の日の属する月の翌月10日までに納付するものです（所得税法183条）。つまり、給与等の支払日と源泉所得税の納付日とが異なります。

例えば、5月25日に給与を支払い、5月31日に事務所を移転し、6月10日に源泉所得税を納付する、という場合には、移転前と移転後のどちらの事務所の所在地で納付すればよいでしょうか。

この点、従前は、所得税法17条が「支払の日における所在地」と規定していましたので、移転前の事務所の所在地で納付することとなっていました。

これに対し、平成23年6月30日付で「現下の厳しい経済状況及び雇用情勢に対応して税制の整備を図るための所得税法等の一部を改正する法律」が公布され、所得税法17条も改正されました。そして、改正後は、前記の例において、移転後の事務所の所在地で納付することとなりました。この改正は、平成24年１月１日以後に源泉所得税を納付する場合について適用されています（図表２-７参照）。

また、例えば、本店または主たる事務所を移転する前の事業年度に係る法人税の修正申告の際に、本店または主たる事務所を所轄する税務署長に修正申告書を提出する場合（法人税の申告は本店または主たる事務所の所在地を所轄する税務署長に対して行う（法人税法16条））で、かつ、源泉所得税を納付する必要がある場合には、その源泉所得税は、改正後は、移転前ではなく移転後の所在地を所轄する税務署長に納付することになるものと思われます。

〈図表２-７〉給与等の支払事務所等の移転があった場合の源泉所得税の納税地

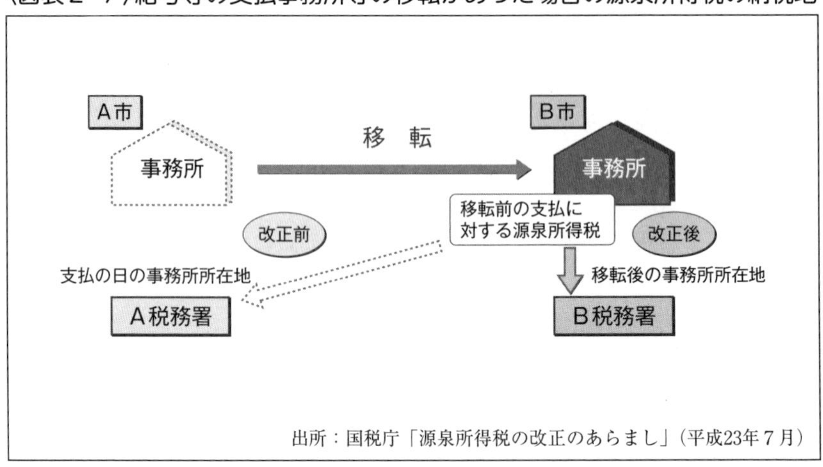

出所：国税庁「源泉所得税の改正のあらまし」（平成23年７月）

2 保険料等の控除の改正

Point 介護医療の保険料も所得控除の対象に

平成22年度税制改正により平成24年1月1日以後に適用されるものとして、生命保険料等の所得控除について、新たに介護医療保険契約等に基づき支払った保険料等についても、所得控除が認められることとなりました。

従前は、生命保険料等の支払いがあるときは、一般生命保険料と個人年金保険料とに区分して、それぞれの支払った保険料等の金額について一定の額（適用限度額は各5万円）を所得から控除することが可能でした。

これに対し、平成22年度税制改正により、平成24年1月1日以後に生命保険会社または損害保険会社等と締結した保険契約等（以下「新契約」という）のうち介護（費用）保障または医療（費用）保障を内容とする主契約または特約に基づいて支払った保険料等については、適用限度額4万円の所得控除（介護医療保険料控除）が適用されることとなっています。そして、これに伴い、新契約に係る一般生命保険料控除及び個人年金保険料控除の適用限度額も、それぞれ4万円とされています。

Point 平成23年12月31日以前の契約分は従前どおり

平成23年12月31日以前に締結した保険契約等に基づく保険料等（以下「旧契約」という）は、従前どおり、生命保険料控除または個人年金保険料控除（適用限度額は各5万円）が適用されます。すなわち、新制度は、平成24年1月1日以後に新たに締結した保険契約についてのみ適用されます（図表2-8（58頁）参照）。

〈図表２-８〉改正後の生命保険料控除の概要

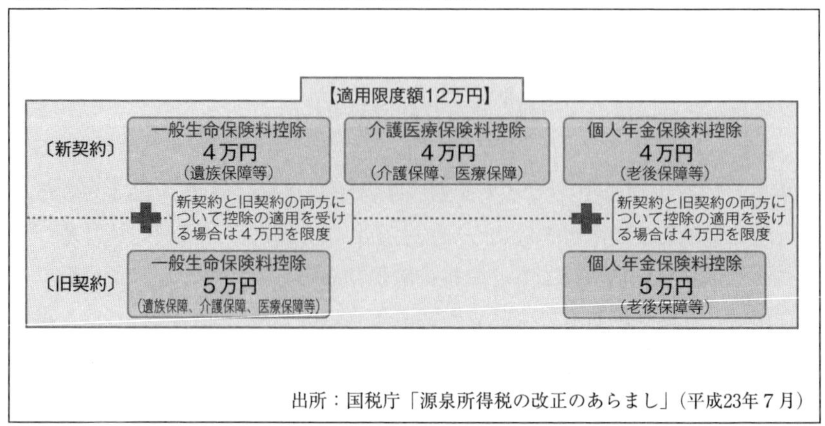

出所：国税庁「源泉所得税の改正のあらまし」（平成23年７月）

9 給与所得控除・特定支出控除

給与所得控除額に上限が設けられることに

1 給与所得控除及び特定支出控除の見直し

(1) 給与所得控除の見直し

Point 1500万円超の場合、控除額245万円で頭打ちに

給与所得の金額は、「その年中の給与等の収入金額から給与所得控除額を控除した残額」（所得税法28条２項）とされています。

この給与所得控除額は、事業所得でいうところの必要経費に相当するものです。ただし、給与所得の場合には事業所得とは異なり、必要経費を具体的に計算することは困難ですが、事業所得や不動産所得などと違って一般に担税力が低いと考えられており、担税力の調整などを考慮して他の所得とのバランスを図るため、必要経費として概算額を控除することとされています。

平成24年度税制改正前の給与所得控除額は、**図表２-９**(60頁)のとおりです。

ところで、給与所得控除については、「勤務費用の概算控除」と「他の所得との負担調整のための特別控除」の２つの性格を有しているものとされていますが、就業者に占める給与所得者の割合が約９割となっている現状では、「他の所得との負担調整のための特別控除」を認める必要性は薄れてきているとの見解があります。

また、現在の給与所得控除については、マクロ的に見ると、給与収入総額の３割程度が控除されている一方、給与所得者の必要経費ではないかと指摘される支出は給与収入の約６％であるとの試算もあり、主要国との比較においても全体的に高い水準になっているとのことで、平成24年度税制改正により、給与等の収入金額が1500万円を超える場合の給与所得控除額については

245万円の上限を設けることとなりました。すなわち、平成24年度税制改正後は、図表2-10のとおりとなりました。

〈図表2-9〉平成24年度税制改正前の給与所得控除額
（平成24年分以前の所得税及び平成25年度分以前の個人住民税に適用）

給与の収入金額（円）	給与所得控除額（円）
1,625,000 以下	650,000
1,625,000 超 ～ 1,800,000 以下	収入金額 × 40 %
1,800,000 超 ～ 3,600,000 以下	収入金額 × 30 % ＋ 180,000
3,600,000 超 ～ 6,600,000 以下	収入金額 × 20 % ＋ 540,000
6,600,000 超 ～ 10,000,000 以下	収入金額 × 10 % ＋ 1,200,000
10,000,000 超 ～	収入金額 × 5 % ＋ 1,700,000

（注）ただし、660万円までの収入金額については、簡易給与表（所得税法別表５）により給与所得控除額を求めますので（所得税法28条4項）、上記と若干相違が生じます。

〈図表2-10〉平成24年度税制改正後の給与所得控除額
（平成25～27年分の所得税及び平成26～28年度分の個人住民税に適用）

給与の収入金額（円）	給与所得控除額（円）
1,625,000 以下	650,000
1,625,000 超 ～ 1,800,000 以下	収入金額 × 40 %
1,800,000 超 ～ 3,600,000 以下	収入金額 × 30 % ＋ 180,000
3,600,000 超 ～ 6,600,000 以下	収入金額 × 20 % ＋ 540,000
6,600,000 超 ～ 10,000,000 以下	収入金額 × 10 % ＋ 1,200,000
10,000,000 超 ～ 15,000,000 以下	収入金額 × 5 % ＋ 1,700,000
15,000,000 超 ～	**2,450,000**

その後、平成26年度税制改正により、給与所得控除額の上限額について、平成28年分は給与等の収入金額1200万円超で230万円に、また、平成29年分以後は給与等の収入金額1000万円超で220万円に、漸次引き下げられています。

したがって、平成28年分以後の給与所得控除額は図表2-11のとおりとなっています。

〈図表2-11〉平成26年度税制改正後の給与所得控除額

（平成28年分の所得税及び平成29年度分の個人住民税に適用）

給与の収入金額（円）	給与所得控除額（円）
1,625,000 以下	650,000
1,625,000 超 ～ 1,800,000 以下	収入金額 × 40 %
1,800,000 超 ～ 3,600,000 以下	収入金額 × 30 % ＋ 180,000
3,600,000 超 ～ 6,600,000 以下	収入金額 × 20 % ＋ 540,000
6,600,000 超 ～ 10,000,000 以下	収入金額 × 10 % ＋ 1,200,000
10,000,000 超 ～ 12,000,000 以下	収入金額 × 5 % ＋ 1,700,000
12,000,000 超 ～	2,300,000

（平成29年分以後の所得税及び平成30年度分以後の個人住民税に適用）

給与の収入金額（円）	給与所得控除額（円）
1,625,000 以下	650,000
1,625,000 超 ～ 1,800,000 以下	収入金額 × 40 %
1,800,000 超 ～ 3,600,000 以下	収入金額 × 30 % ＋ 180,000
3,600,000 超 ～ 6,600,000 以下	収入金額 × 20 % ＋ 540,000
6,600,000 超 ～ 10,000,000 以下	収入金額 × 10 % ＋ 1,200,000
10,000,000 超 ～	2,200,000

(2) 特定支出控除の見直し

Point 範囲が広がり、控除基準額も半分に

給与所得控除が概算控除であるのに対し、給与所得者でも実際に拠出した支出（「特定支出」といい、所得税法57条の２第２項に列挙されている）が給与所得控除額を超えるときは、その超える部分をさらに収入金額から控除することができるとされています（所得税法57条の２第１項、図表２-12参照）。

平成24年度税制改正前の特定支出としては、概要として、次のような支出とされていました。

① 通勤のための支出
② 転勤に伴う転居のための支出（旅費、宿泊費、荷物の運賃）
③ 職務上直接必要な研修のための支出
④ 職務遂行に直接必要な資格取得のための支出（ただし、弁護士、公認会計士、税理士等の特定の資格取得のための支出は除く）
⑤ 配偶者との別居を伴う単身赴任者の勤務地と自宅との間の往復旅費のための支出（ただし、給与等の支払者により補填される部分で、かつ、その補填される部分に所得税が課されない部分は除く）

〈図表２-12〉「特定支出」が給与所得控除額を超えるとき（平成24年度税制改正前）

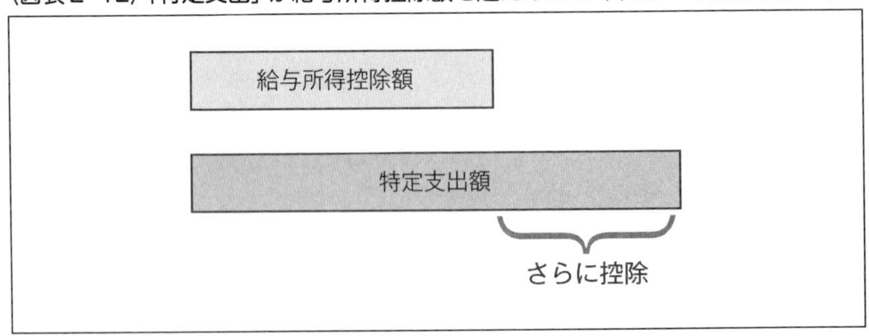

平成24年度税制改正では、前記のとおり給与所得控除に上限を設けることに併せて、特定支出控除の適用判定の基準を見直すとともに、特定支出控除を使いやすくする観点から特定支出の範囲を拡大することとされました。

まず、適用判定基準について、給与所得の前記２つの性格に鑑み、給与所得控除額を二分し、その１つを「勤務費用の概算控除」部分として、これを超える部分を控除できるようになりました（図表２-13参照）。

さらに、特定支出の範囲についても、

⑥　④で除外されていた弁護士、公認会計士、税理士等の特定の資格取得のための支出

⑦　図書費、衣服費及び交際費などの勤務必要経費でその者の職務に直接必要なもの（ただし、65万円が上限）

が追加されることとなりました。

ただし、⑦については、職務に直接必要か否かは給与等の支払者による証明が必要とされています。

なお、この改正についても、平成25年分以後の所得税及び平成26年度分以後の個人住民税に適用されます。

〈図表２-13〉「特定支出」が給与所得控除額を超えるとき（平成24年度税制改正後）

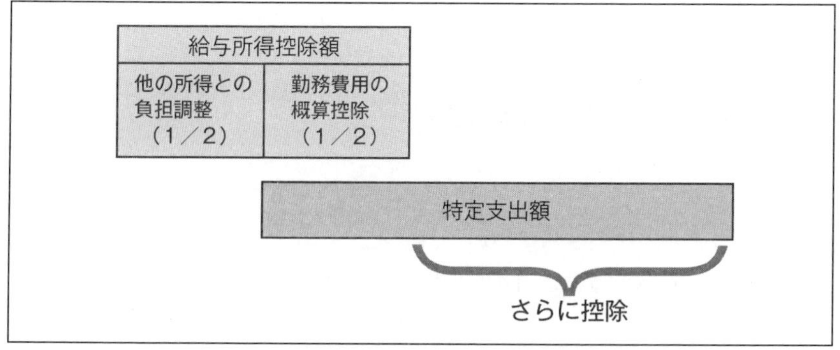

10 通勤手当の非課税限度額

度々の改正に要注意

1 通勤手当の非課税限度額について

Point　通勤手当は実費弁償、合理的な範囲で非課税

給与所得者で通勤するもの（通勤者）が、「その通勤に必要な交通機関の利用又は交通用具の使用のために支出する費用に充てるものとして、通常の給与に加算して受ける通勤手当（これに類するものを含む。）のうち一般の通勤者につき通常必要であると認められる部分として政令で定めるもの」（所得税法９条１項５号）は非課税所得とされています。

これは、通勤手当は実費を弁償するものであり、その支給によって給与所得者が利益を受けることはないと考えられることから、通勤方法等の区分に応じ、１か月当たり一定の金額までは課税しない、という趣旨に基づくものです（所得税法施行令20条の２）。

2 非課税限度額改正の経緯

⑴　平成23年12月31日以前支給の通勤手当について

通勤手当の非課税限度額について、平成23年12月31日以前に支給される通勤手当については、図表２-14のとおりとされていました。

〈図表２-14〉通勤手当の非課税限度額（平成23年12月31日以前）

区　分		課税されない金額
①　交通機関または有料道路を利用している人に支給する通勤手当		１か月当たりの運賃相当額（※）（最高限度100,000円）
②　自転車や自動車等の交通用具を使用している人に支給する通勤手当	ア　片道10km未満	4,100円（距離比例額）
	イ　片道10km以上15km未満	6,500円（距離比例額）
	ウ　片道15km以上25km未満	11,300円（距離比例額） ただし、運賃相当額が11,300円を超える場合にはその運賃額（最高限度100,000円）
	エ　片道25km以上35km未満	16,100円（距離比例額） ただし、運賃相当額が16,100円を超える場合にはその運賃額（最高限度100,000円）
	オ　片道35km以上45km未満	20,900円（距離比例額） ただし、運賃相当額が20,900円を超える場合にはその運賃額（最高限度100,000円）
	カ　片道45km以上	24,500円（距離比例額） ただし、運賃相当額が24,500円を超える場合にはその運賃額（最高限度100,000円）
③　交通機関を利用している人に支給する通勤用定期乗車券		１か月当たりの運賃相当額（最高限度100,000円）
④　交通機関または有料道路を利用するほか交通用具も使用している人に支給する通勤手当や通勤用定期乗車券		１か月当たりの運賃相当額と②の金額の合計額（最高限度100,000円）

※　運賃相当額とは、交通機関を利用した場合に負担することとなるべき運賃等で、その者の通勤に係る運賃、時間、距離等の事情に照らし最も経済的かつ合理的と認められる通常の通勤の経路及び方法によるものの額に相当する金額。

(2)　平成24年１月１日以後支給の通勤手当について

Point　交通用具を使用する者の非課税枠縮小

平成23年６月30日付の「現下の厳しい経済状況及び雇用情勢に対応して税制の整備を図るための所得税法等の一部を改正する法律」により、非課税枠が縮小されました。

すなわち、**図表2-14**のうち、②「自転車や自動車等の交通用具を使用している人に支給する通勤手当」のウ～カについて、「ただし、運賃相当額が○○円（＝距離比例額）を超える場合にはその運賃額（最高限度100,000円）」という部分を削除するという改正がなされたのです。これにより、運賃相当額が距離比例額を超えたとしても、非課税限度額は距離比例額となり、従前よりも非課税枠が縮小されることとなりました（**図表2-15、2-16**参照）。

〈図表2-15〉通勤手当の非課税限度額（平成24年1月1日以後）

区分		課税されない金額
①　交通機関または有料道路を利用している人に支給する通勤手当		1か月当たりの運賃相当額（※）（最高限度100,000円）
②　自転車や自動車等の交通用具を使用している人に支給する通勤手当	ア　片道2km未満	（全額課税）
	イ　片道2km以上10km未満	4,100円
	ウ　片道10km以上15km未満	6,500円
	エ　片道15km以上25km未満	11,300円
	オ　片道25km以上35km未満	16,100円
	カ　片道35km以上45km未満	20,900円
	キ　片道45km以上	24,500円
③　交通機関を利用している人に支給する通勤用定期乗車券		1か月当たりの運賃相当額（最高限度100,000円）
④　交通機関または有料道路を利用するほか交通用具も使用している人に支給する通勤手当や通勤用定期乗車券		1か月当たりの運賃相当額と②の金額の合計額（最高限度100,000円）

※　運賃相当額とは、交通機関を利用した場合に負担することとなるべき運賃等で、その者の通勤に係る運賃、時間、距離等の事情に照らし最も経済的かつ合理的と認められる通常の通勤の経路及び方法によるものの額に相当する金額。

〈図表２-16〉交通用具を使用して通勤する人が受ける通勤手当に関する改正の概要
（平成24年１月１日以後）

通勤距離片道50km（距離比例額24,500円）、運賃相当額30,000円、通勤手当32,000円の場合

	〔改正前〕	〔改正後〕
32,000円（通勤手当の額）	2,000円が課税対象	7,500円が課税対象
30,000円（運賃相当額）	運賃相当額まで非課税	
24,500円（距離比例額）		距離比例額まで非課税

出所：国税庁「源泉所得税の改正のあらまし」（平成23年７月）

⑶　平成26年４月１日以後支給の通勤手当について

Point　マイカー通勤などで非課税限度額を引上げ

平成26年10月17日に「所得税法施行令の一部を改正する政令（平成26年政令第338号）」が公布され、同年10月20日に施行されました。

このときの改正の内容は、自動車や自転車などの交通用具を使用している人に支給する通勤手当の非課税限度額を引き上げ、また、新たな通勤距離として「片道55キロメートル以上」という区分も新設するというものであり、具体的には、図表２-17（68頁）のとおりです。マイカーなどで通勤している人で通勤距離が長いほど、この改正の影響が大きいといえます。

⑷　平成28年１月１日以後支給の通勤手当について

Point　交通機関等利用者の非課税限度額が月額15万円に

平成28年３月31日に「所得税法施行令等の一部を改正する政令（平成28年政令第145号）」が公布され、同年４月１日に施行されました。

このときの改正の内容は、交通機関や有料道路などを利用している人に対する通勤手当の非課税限度額を月額10万円から15万円に引き上げるというも

のです。具体的には、図表2-18（69頁）のとおりとなっています。

〈図表2-17〉通勤手当の非課税限度額（平成26年4月1日以後）

区　分		非課税限度額	
		改正前	**改正後**
①　交通機関または有料道路を利用している人に支給する通勤手当		1か月当たりの運賃相当額(※)（最高限度100,000円）	変更なし
②　自動車や自転車などの交通用具を使用している人に支給する通勤手当	ア　片道2km未満	0円（全額課税）	変更なし
	イ　片道2km以上10km未満	4,100円	**4,200円**
	ウ　片道10km以上15km未満	6,500円	**7,100円**
	エ　片道15km以上25km未満	11,300円	**12,900円**
	オ　片道25km以上35km未満	16,100円	**18,700円**
	カ　片道35km以上45km未満	20,900円	**24,400円**
	キ　片道45km以上55km未満	24,500円	**28,000円**
	ク　片道55km以上		**31,600円**（新設）
③　交通機関を利用している人に支給する通勤用定期乗車券		1か月当たりの運賃相当額（最高限度100,000円）	変更なし
④　交通機関または有料道路を利用するほか、交通用具も使用している人に支給する通勤手当や通勤用定期乗車券		1か月当たりの運賃相当額と②の金額の合計額（最高限度100,000円）	変更なし

※　運賃相当額とは、その者の通勤に係る運賃、時間、距離等の事情に照らして最も経済的かつ合理的と認められる通常の通勤の経路及び方法による運賃等の額とされています（所得税法施行令20条の2第1号）。

〈図表２-18〉通勤手当の非課税限度額（平成28年１月１日以後）

区　分		非課税限度額	
		改正前	**改正後**
①　交通機関または有料道路を利用している人に支給する通勤手当		１か月当たりの合理的な運賃等の額（※） （最高限度100,000円）	１か月当たりの合理的な運賃等の額（※） **（最高限度150,000円）**
②　自動車や自転車などの交通用具を使用している人に支給する通勤手当	ア　片道２km未満	0円 （全額課税）	変更なし
	イ　片道２km以上10km未満	4,200円	変更なし
	ウ　片道10km以上15km未満	7,100円	変更なし
	エ　片道15km以上25km未満	12,900円	変更なし
	オ　片道25km以上35km未満	18,700円	変更なし
	カ　片道35km以上45km未満	24,400円	変更なし
	キ　片道45km以上55km未満	28,000円	変更なし
	ク　片道55km以上	31,600円	変更なし
③　交通機関を利用している人に支給する通勤用定期乗車券		１か月当たりの合理的な運賃等の額（※） （最高限度100,000円）	１か月当たりの合理的な運賃等の額（※） **（最高限度150,000円）**
④　交通機関または有料道路を利用するほか、交通用具も使用している人に支給する通勤手当や通勤用定期乗車券		１か月当たりの合理的な運賃等の額（※）と②の金額との合計額 （最高限度100,000円）	１か月当たりの合理的な運賃等の額（※）と②の金額との合計額 **（最高限度150,000円）**

※　合理的な運賃等の額とは、その者の通勤に係る運賃、時間、距離等の事情に照らして最も経済的かつ合理的と認められる通常の通勤の経路及び方法による運賃等の額とされています（所得税法施行令20条の２第１号）。

そして、新幹線鉄道を使用した場合には、それが最も経済的かつ合理的と認められる場合には特別急行料金の額も含められます。ただし、特別車両料金（グリーン料金など）は含められません（所基通９－６の３）。

3 改正後の非課税限度額適用に関する注意点

(1) 適用時期

Point 適用開始日が関係法令施行日よりも前の場合は注意

通勤手当の非課税限度額の改正については、その改正法の適用開始日が、改正に係る関係法令施行日よりも前に設定されている場合があります。この場合、次に掲げる通勤手当について、改正後の所得税法施行令は適用されません。

① 適用開始日前日以前に支払われた通勤手当

② 適用開始日前日以前に支払われるべき通勤手当で、適用開始日以後に支払われるもの

③ ①または②の通勤手当の差額として追加して支払われるもの

(2) 年末調整による精算

Point すでに課税済みの通勤手当の精算は年末調整と確定申告で

例えば、平成28年1月に支給された通勤手当について、当時の非課税限度額（10万円）を前提とすれば、それを超えていたにもかかわらず（したがって、その超えた部分については給与所得として所得税及び復興特別所得税の源泉徴収の対象となる）、改正後の非課税限度額（15万円）を前提とすればそれを超えない場合には、課税し過ぎとなった税額の処理が問題となります。

この点、経過措置として、平成28年1月から3月の支給額のうち当時の非課税限度額を超えた部分に対して源泉徴収していたものについては、年末調整で精算することとなります。

また、年の途中で退職したなどで年末調整をしない者については、確定申告により精算することとなります。これについて、すでに源泉徴収票を交付

している場合には、「支払金額」欄を非課税とされる部分の通勤手当を控除した金額へと訂正し、「摘要」欄に「再交付」と記載した源泉徴収票を再交付する必要があります。

Point　余白に「非課税となる通勤手当」との記載を

国税庁ホームページで公表されている年末調整における精算の具体的な手続は、以下のとおりです[26)]。

イ　既に改正前の非課税規定を適用したところで所得税及び復興特別所得税の源泉徴収をした（課税された）通勤手当のうち、改正後の非課税規定によって新たに非課税となった部分の金額を計算します。

ロ　「平成28年分給与所得・退職所得に対する源泉徴収簿」（以下「源泉徴収簿」といいます。）の「年末調整」欄の余白に「非課税となる通勤手当」と表示して、イの計算根拠及び今回の改正により新たに非課税となった部分の金額を記入します。

ハ　また、源泉徴収簿の「年末調整」欄の「給料・手当等①」欄には、給料・手当等の総支給金額の合計額からロの新たに非課税となった部分の金額を差し引いた後の金額を記入します。

ニ　以上により、改正後の非課税規定によって新たに非課税となった部分の金額が、本年の給与総額から一括して差し引かれ、その差引後の給与の総額を基にして年末調整を行います。

ただし、この方法では、源泉徴収簿に計算根拠を記載することとされていますが、正しく年調年税額が算出され、その計算根拠が何らかの方法で記録、保存されていれば、源泉徴収簿への記載は省略しても構わないとされています。

26）税務署「通勤手当の非課税限度額の引上げ」平成28年４月（https://www.nta.go.jp/gensen/tsukin/pdf/01.pdf, 平成30年１月18日最終閲覧）。

■　課税される通勤手当の具体例

> 交通機関を利用して通勤している者に、毎月、通勤手当として13万円を支給していた場合
> ●　平成28年1月から3月（改正前の非課税限度額10万円）
> 　→　各月の課税される通勤手当3万円（13万円－10万円）
> ●　平成28年4月から12月（改正後の非課税限度額15万円）
> 　→　各月の課税される通勤手当0円（13万円－15万円）

平成28年1月以後に支払われるべき通勤手当の非課税限度額が引き上げられたことから、平成28年1月から3月までの3か月間に支払われた通勤手当のうち、改正前に課税扱いとされていた通勤手当9万円（3万円×3か月）は非課税となるため、年末調整においては、この9万円を「非課税となる通勤手当」として総支給金額から差し引いて精算する、ということとなります。

なお、具体的な年末調整における源泉徴収簿の記載例については、国税庁ホームページを参照して下さい[27)]。

⑶　賃金規程との関係

Point　遡及支払いすべきかどうかは賃金規程の規定の仕方による

通勤手当は、賃金規程において規定されているのが一般的ですが、改正を受けて、過去の適用開始日に遡って通勤手当を追加して支給すべきかどうか、という問題も起こってきます。

この点、所得税法施行令の非課税限度額は、あくまでも通勤手当に対する所得税の計算について適用されるものであり、事業主が従業員に対して支払うべき通勤手当の計算に直接適用されるものではありません。したがって、この改正によって、直ちに適用開始日以後の通勤手当につき遡って追加して

27）前掲税務署文書。

支給すべきであるという結論にはならないと思われます。

ただし、例えば、マイカー通勤者への通勤手当を通勤距離に応じた所得税法施行令の非課税限度額と同額とする旨の規定など、賃金規程自体が所得税法施行令の適用を前提とする建付けとなっていた場合には、改正前の非課税限度額との差額を追加して支給すべきという解釈が考えられます。

また、通勤手当を独自に規定した上で、「ただし所得税法施行令の非課税限度額を上限とする」というような規定の場合で、例えば、独自の規定で算定された通勤手当の金額が改正前の非課税限度額を上回ったためにその非課税限度額の限りで支給されていた場合には、改正後の非課税限度額（あるいは独自の規定で算定された金額が改正後の非課税限度額に満たない場合には、その算定された通勤手当）との差額を追加して支給すべきという解釈が考えられます。

これに対し、独自の規定で算定された金額がそもそも改正前の非課税限度額にも満たなかった場合には追加して支給する必要はないでしょう。

いずれにせよ、賃金規程の規定の仕方によるところが大きいと思われますので、個別具体的に判断すべきです。

11 海外赴任者への給与等

海外赴任時には年末調整を忘れずに

1 居住者と非居住者との区別

Point 住所または居所の有無により区別する

海外に支店があるなどのために、従業員や役員をその海外支店に赴任させた場合、その者に対して支給される給与や賞与または役員報酬の税務上の取扱いについては、まず、その者が居住者であるか、非居住者であるか、で異なります。

ここで、居住者とは、「国内に住所を有し、又は現在まで引き続いて１年以上居所を有する個人」（所得税法２条１項３号）をいいます。

これに対して、非居住者とは「居住者以外の個人」（同法２条１項５号）をいいます。つまり、国内に居住している個人で、住所も１年以上の居所も有していない者と、そもそも国内に居住していない個人が該当します。

なお、居住者か非居住者かについては、国籍のいかんを問いません。

Point 住所とは生活の本拠

ところで、居住者か非居住者かの区別のメルクマールは、前述のとおり、「住所」や「居所」の有無ということとなります。そして、後に詳述しますが、非居住者であれば課税される所得が限られますので、この「住所」や「居所」の解釈や当てはめが争われるケースが少なくありません。

この点、一般に、「住所」とは、各人の生活の本拠をいい、生活の本拠であるかどうかは客観的な事実によって判定することとされており、同一人について同時に２か所以上の住所はないものとされています。また、「居所」とは、人が相当期間継続して居住する場所であるが、生活の本拠という程度には至らないものとされています。

2 課税される所得の範囲

Point 非居住者は国内源泉所得に限定

まず、居住者に対しては、国内において生ずる所得（国内源泉所得）はもちろんのこと、国外において生ずる所得（国外源泉所得）についても、その者に帰属するすべての所得について課税されることとなっています。

ただし、居住者であっても「非永住者」(※) に該当する場合には、国内源泉所得は課税されますが、国外源泉所得は、国内において支払われ、または国外から送金されたものについてのみ課税されることとなっています。

※　非永住者：「居住者のうち、日本の国籍を有しておらず、かつ、過去10年以内において国内に住所又は居所を有していた期間の合計が５年以下である個人」（所得税法２条１項４号）。

これに対し、非居住者は、国内源泉所得に対してのみ課税されることとなっています。以上をまとめたものが図表２-19です。

〈図表２-19〉居住者と非居住者の「定義」と「課税される所得」

区　別		定　義	課税される所得
居住者	非永住者以外	国内に住所を有し、または現在まで引き続いて１年以上居所を有する個人	国の内外で生じたすべての所得
	非永住者	居住者のうち、日本の国籍を有しておらず、かつ、過去10年以内において国内に住所または居所を有していた期間の合計が５年以下である個人	国内源泉所得及びこれ以外の所得で国内において支払われ、または国外から送金された所得
非居住者		国内に居住している個人で、住所も１年以上の居所も有していない者と、そもそも国内に居住していない個人	国内源泉所得

3　海外赴任者 ～非居住者か否かの判断

Point　赴任期間が１年以上か

居住者と非居住者の区別が前述のとおりであるところ、それまで国内で勤務していた従業員ないし役員が海外支店に赴任する場合、どちらに区分されるのでしょうか。

まず、その者の海外での赴任期間が１年以上予定される場合には非居住者として取り扱われ、１年未満が予定される場合には居住者のままとして取り扱われることとなります。

ただし、海外での赴任期間が１年以上の予定であっても、その後の事情の変更により赴任期間が１年未満になることが明らかになった場合には、その明らかになった時点で居住者になると考えられます。また、これとは逆に、海外赴任期間が当初は１年未満の予定であったとしても、その後の事情の変更によりその期間が１年以上となることが明らかになった場合には、その明らかになった時点で非居住者になると考えられます。

また、その者が国外において、継続して１年以上居住することを通常必要とする職業を有する場合などには、非居住者と推定されることとなっています（所得税法施行令15条１項）。

なお、居住者か非居住者かは、給与等の受給者ではなく支払者によって判断されるべき事項とされています[28)]。

28）大阪高裁平成３年９月26日判決、税資186号635頁。

4 海外赴任の際の給与等の取扱い

(1) 概要

Point 原則20％の源泉徴収

海外赴任前については、居住者ですので、給与や賞与の支払い等の際には通常の源泉徴収をするなどの処理が必要です。

これに対し、海外赴任後については、非居住者となるため、役員に対する報酬や賞与を除いて、所得税の課税対象ではありません。

役員に対する報酬や賞与については、海外の勤務に対するものであっても、所得税の課税対象となり支給額の20％の源泉徴収が必要となります。ただし、この点については、その海外の国との間で租税条約が締結されている場合があり、その条約において異なる取扱いが規定されている場合には、その取扱いが優先することとされています。

なお、海外赴任したとしても、その赴任期間によっては非居住者にならない場合が考えられますが、この場合は居住者と同様の取扱いとなります。

(2) 海外赴任時に注意すべき事項

① 給与について ～源泉徴収が不要な場合も

給与の計算期間の中途において、海外赴任などにより居住者から非居住者になった場合、その非居住者になった日以後に支給期の到来する当該計算期間の給与のうち、国内勤務期間に対応する部分については、原則として非居住者が支払う国内源泉所得として、20％の源泉徴収が必要となります（所基通161－41）。

しかしながら、事務簡素化の観点から、給与計算期間が１か月以下である給与については、その給与の全額が国内勤務に対応する場合を除いて、国内源泉所得に該当しないものとして取り扱うことができるため、源泉徴収は不要となります（所基通212－５）。

(例) 毎月15日締め、その月の25日に支給の場合

９月20日に海外赴任のため出国した場合には、８月16日から９月15日までに対応する部分の全額が国内源泉所得となりますので、その給与全額について20％の源泉徴収が必要となります。

これに対し、９月10日に出国した場合には、８月16日から９月10日までは国内勤務に対応する部分となり、本来であれば、その期間に対応する給与は国内源泉所得として源泉徴収が必要となりますが、事務簡素化の観点から、９月25日に支給される給与の全額について源泉徴収が不要となります。

②　賞与について ～国内勤務に対応する部分は源泉徴収

賞与の場合、給与とは異なり、通常は計算期間が１か月を超えますので、非居住者となった日以後に支給日が到来する賞与については、原則どおり、国内勤務期間に対応する部分が国内源泉所得となりますので、20％の源泉徴収が必要となります。

国内勤務期間に対応する部分の計算は次の算式によります。

■　国内勤務対応部分の計算式

$$賞与の総額 \times \frac{国内勤務期間}{賞与の計算の基礎となった期間}$$

③　年末調整について ～出国時に年末調整を

年の中途で非居住者となった場合には、その非居住者となった時点で年末調整を行う必要があります。

そして、年末調整の対象となる給与等は、その年の１月から海外赴任等で出国した（非居住者になった）日までの給与等となります。

また、諸控除について、社会保険料控除や生命保険料控除などは原則として、非居住者になった日より前に控除されたものや支払ったものに限られますが、配偶者控除や扶養控除などは非居住者になった日の状況に応じて判断され、全額控除することができる場合があります。

⑶　帰国時に注意すべき事項

①　給与・賞与について ～帰国後到来の給与は全額につき通常の源泉徴収

年の中途で海外赴任から帰国し、非居住者から居住者になった場合で、その後に支給日が到来する給与については、その給与計算において国外勤務期間に対応する部分があったとしても、その全額が居住者に対して支払う給与となるため、通常の源泉徴収が必要となります。

このことは賞与においても同様です。

②　年末調整について ～帰国の翌日以降分を調整する

年の中途で海外赴任から帰国し、非居住者から居住者になった場合の年末調整については、その年の最後の給与等の支払いの際に年末調整をすることとなります。

そして、その年末調整の対象となる給与等は、帰国の翌日からその年の最後までの給与等にとどまり、非居住者であった期間の給与等は対象となりません。

また、諸控除について、社会保険料控除や生命保険料控除などは原則として、帰国の翌日以降控除されたものや支払ったものに限られますが、配偶者控除や扶養控除などは12月31日の状況に応じて判断され、全額控除することができる場合があります。

12 親族に支払う給与

青色事業専従者給与でも必要経費算入が否定される場合も

1 原則的取扱い

Point 原則、必要経費にならない

個人事業主が、その事業遂行のため、第三者の従業員以外に、配偶者や子などの生計を一にする親族をその事業に従事させることは少なくなく、それらの親族に給与を支払うことも少なくありません。

しかしながら、所得税法上、原則としては、その個人事業主（納税者）と生計を一にする親族が、その納税者の営む事業に従事したことなどを理由として給与などの対価を支払ったとしても、その対価の金額は、当該納税者の事業所得等の金額の計算上、必要経費に算入されないこととなっています（所得税法56条）。

これらは、個人事業主の所得を家族構成員の間で分割することにより、税負担の軽減を図るといった行為を防止することが目的とされています。

なお、「生計を一にする」の意味については、必ずしも同一の家屋に起居していることをいうものではなく、次のような場合とされています（所基通２－47）。

⑴　勤務、修学、療養等の都合上他の親族と日常の起居を共にしていない親族がいる場合であっても、次に掲げる場合に該当するときは、これらの親族は生計を一にするものとする。

イ　当該他の親族と日常の起居を共にしていない親族が、勤務、修学等の余暇には当該他の親族のもとで起居を共にすることを常例としている場合

ロ　これらの親族間において、常に生活費、学資金、療養費等の送金が行われている場合

(2)　親族が同一の家屋に起居している場合には、明らかに互いに独立した生活を営んでいると認められる場合を除き、これらの親族は生計を一にするものとする。

2 例外的取扱い

(1) はじめに

Point 法人役員の場合との均衡

しかしながら、生計を一にする親族への給与が労働の適正な対価であれば、それは経費性を有するというべきであり、これらが一切必要経費に算入できないとなると、法人の場合に役員等となった親族が受ける給与が損金に算入されることに比してバランスを欠くということになります。

そこで、所得税法においても例外的に、一定の条件の下で生計を一にする親族への給与を必要経費として算入することが認められています（所得税法57条）。

それが、青色申告者の「青色事業専従者給与」と、白色申告者の「事業専従者控除」です。

(2) 青色事業専従者給与

Point 青色申告者である事業主に適用

青色申告者である事業主と生計を一にする親族（15歳未満の人を除く）で、その事業に専ら従事する人（青色事業専従者）に支給している給与については、その仕事の内容や従事の程度からみて労務の対価として相当である金額

に限り必要経費への算入が認められます。

ただし、以下のような条件があります。

① その年の3月15日までに、専従者の氏名、その職務の内容、給与の金額、支給期等を記載した書類を所轄税務署長に提出しなければなりません。

ただし、その年の1月16日以後新たに事業を開始した場合には、その事業の開始日から2か月以内とされています。

② 事業に専ら従事することが必要であり、その期間はその年を通じて6か月を超える期間とされています。

ただし、次の場合は、従事できると認められる期間を通じて2分の1を超える期間従事すればよいとされています。

・ 年の中途で開業、廃業、休業、納税者の死亡、季節営業等の理由により、その年中を通じて事業が営まれなかったこと

・ 事業に従事する者の死亡、長期にわたる病気、婚姻、その他の理由により、その年中を通じて、その納税者と生計を一にする親族としてその事業に従事できなかったこと

③ 給与の必要経費算入額は、①の届出書に記載された金額の範囲内で、労務に従事した期間、労務の性質及びその程度、その事業の規模並びに収益の状況などから判断し、労務の対価として相当と認められる金額とされています。

(3) 事業専従者控除

Point 白色申告者も一定限度で必要経費算入

白色申告者である事業主と生計を一にする親族（15歳未満の人を除く）で、その事業に1年を通じて6か月を超える期間専ら従事している人（事業専従者）に支給している給与については、次の①または②の金額のうち、いずれか少ない方の金額（事業専従者控除額（年額））の限りで、必要経費への算入が認められます。

① 50万円（ただし、専従者が事業主の配偶者である場合は86万円）

② 事業専従者控除前のその事業にかかる所得金額（不動産所得、事業所得または山林所得の金額）を事業専従者の数に1を加えた数で除した金額

■ 事業専従者控除額計算の具体例

例えば、事業専従者控除前の事業所得の金額が210万円で、配偶者と子が事業に専従している場合、次のとおりとなります。

● 配偶者

① 86万円

② 210万円÷3＝70万円

⇒ いずれか少ない方

……70万円（事業専従者控除額）

● 子

① 50万円

② 210万円÷3＝70万円

⇒ いずれか少ない方

……50万円（事業専従者控除額）

3 実務上の問題点

(1) 「専ら従事」の意味

Point 他の職業を有する場合は要注意

必要経費として算入されるのは、事業に専ら従事する者に対する給与ですが、この「専ら従事」の意味については、原則として、事業内容や職務内容等により、その親族が従事するべき時間のほとんどに従事していることをいうものと考えられます。

したがって、必ずしも就業時間のすべてに従事しなければならないというわけではありませんが、他の職業を有するなどの場合は、「専ら従事」の要件

が満たされないことが多いと思われます。

例えば、司法書士事務所の事業主の配偶者が、その事業に年を通じて6か月以上従事しているとして青色事業専従者に該当すると主張した件について、その配偶者はピアノ調律師としての事業を行っており、その自己の事業に年間240日以上従事しているなどとして、青色事業専従者に該当しないとされた裁決例29) があります。

また、不動産貸付業及び理容業の事業主の配偶者が、不動産管理台帳の記載、賃貸料の受領・領収書の発行、未納者への督促・集金、理容業用タオルの洗濯や床清掃などの業務に従事しているとして青色事業専従者に該当すると主張した件について、駐車場の駐車可能台数、賃貸料の受領の回数、理容店の客数などからして、そのような業務に従事していたとしても、その事務量は僅少であるなどとして、青色事業専従者に該当しないとされた裁決例30) もあります。

なお、この青色事業専従者かどうかの立証責任について、青色事業専従者給与に関する特例は青色申告者に恩恵的・政策的に与えられた特典であるから、その特典を主張する納税者側に青色事業専従者に該当することの立証責任があるとした裁判例31) があります。

⑵　給与額の相当性

Point　一律の基準なく総合考慮により判断

給与の額については、その労務の対価として相当である金額に限り必要経費への算入が認められています。そして、相当かどうかは、労務に従事した期間、労務の性質、その提供の程度、その事業に従事する他の従業員の給与の状況及びその事業と同種の事業でその規模が類似するものに従事する者の

29）国税不服審判所昭和62年12月25日裁決、事例集34集27頁。
30）国税不服審判所平成７年５月30日裁決、事例集49集76頁。
31）富山地裁平成22年２月10日判決、税資260号順号11376。

給与の状況、事業の種類及び規模ならびに収益の状況などに照らして判断されるとされています（所得税法施行令164条１項）。

例えば、税理士の配偶者を青色事業専従者とし、その配偶者への給与の全額を青色事業専従者給与として必要経費に算入した件について、その配偶者の労務の性質は他の従業員と比べて大きく異なるものではなく、また、その給与の額は他の従業員で従事時間が最も長い者の給与の1.2倍程度であったことから、その従業員の給与の額が配偶者の適正給与額であるとして、それを超える部分は対価として相当ではないとされた裁決例[32]があります。

⑶ まとめ

Point 日頃からの客観的資料の作成、保管が重要

以上のとおり、青色事業専従者給与に関する実務上の問題点を紹介しましたが、ひとたび争いになった場合には、納税者側において青色事業専従者の勤務実態を裏付ける客観的な証拠を積極的に提示することが求められます。

したがって、日頃から、他の従業員と同様に出勤簿を作成することはもちろんのこと、どのような労務にどの程度従事したかを後々示すことができるような客観的な資料を作成、保管しておくことが重要であるといえます。

32）国税不服審判所平成21年６月３日裁決、事例集77集42頁。

賃金改定などにおける税務処理

計算方法と源泉徴収の時期に注意

1 源泉徴収の計算と納付

従業員へ支給される給与や賞与などの賃金については、それらの支払者は、その支払いの都度、源泉徴収税額表に基づき所得税の源泉徴収を行い、原則として、これを翌月の10日までに納付することとなっています。

ただし、これらの源泉徴収の年間の合計額は、その従業員の年間の給与所得に対する所得税額とは一致しないことが一般的ですので、通常、年末において、扶養控除や生命保険料控除などを適用して課税所得を計算し、それに対する年税額を確定させ、月々の源泉徴収税額の合計額と精算させます（これを年末調整という）。

また、上記の諸控除の適用のため、従業員は、雇用主である賃金の支払者に対し、「扶養控除等申告書」を作成、提出することとなっています。

2 賃金改定が遡ってなされる場合

(1) 源泉徴収税額の計算について

Point 収入すべき日を基準に計算

いわゆるベースアップや定期昇給などによって賃金が増額された場合、増額された時点（一般的には４月）から、増額後の賃金に対する源泉徴収税額を算定し、源泉徴収を行うことはいうまでもありません。

しかしながら、労使交渉が長引くことは少なくなく、妥結が４月に間に合わず、それ以降にずれ込むことも考えられます。そして、このような場合、例えば、７月に妥結したとしても、妥結した賃金を４月に遡って支給することが考えられます。

このように、賃金の改定が遡って適用される場合で、すでに経過した期間に対応する差額（改定前の賃金と改定後の賃金との差額）を支給する場合、源泉徴収税額はどのように計算すべきなのでしょうか。

この点、給与等の改定が既往に遡って実施された場合における新旧給与の差額については、その差額の総額をその収入すべき日の属する月の給与として取り扱うこととされています（所基通183〜193共－５）。そして、ここでいう「収入すべき日」は、その支給日が定められているものについてはその支給日とされ、支給日が定められていないものについてはその改定の効力が生じた日とされています（所基通36－９(3)）。

また、支給する差額に対する源泉徴収税額は、その差額の収入すべき日の属する月の給与に加算して計算するか、あるいは、賞与として計算するかのいずれかの方法によることとされています（所基通183〜193共－５）。

■　差額に対する源泉徴収税額計算の具体例

７月に労使交渉が妥結し、その改定後の賃金を４月に遡って支給するとされた場合で、４月から７月までに実際支給した賃金と改定後の賃金との差額については７月31日に支給するとされた場合。なお、月々の賃金支給日は毎月25日とする。

●方法１

すでに支給した改定前の７月の賃金に４月から７月までの差額（既払い賃金との差額）を加算した金額を前提に、給与として源泉徴収税額を計算し、すでに支給した改定前の７月の賃金に対する源泉徴収税額を控除し、差額に対する源泉徴収税額を計算する。

●方法２

すでに支給した改定前の７月の賃金については給与として源泉徴収税額を計算し、４月から７月までの差額（既払い賃金との差額）については賞与として源泉徴収税額を計算する。
　この場合で、７月に通常の賞与を支給している場合には、その賞与と支給すべき差額の合計額を前提に、賞与として源泉徴収税額を計算し、すでに支給した７月の通常の賞与に対する源泉徴収税額を控除し、差額に対する源泉徴収税額を計算する。

⑵　源泉徴収の時期について

Point　実際の支給の時期に納付

　改定前の賃金と改定後の賃金との差額に対する源泉徴収税額の計算方法については、前記⑴のとおりです。つまり、先の**差額に対する源泉徴収税額計算の具体例**でいえば、７月の給与または賞与として計算することとなります。
　ところで、源泉徴収は、その給与または賞与を支払う際に行うこととなっています。したがって、先の**具体例**においては、４月から７月までに実際支給した賃金と改定後の賃金との差額については７月31日に支給するとされていることから、これに従って支払者がその差額を７月に支払った場合、原則として、翌月である８月10日までに納付することとなります。
　もっとも、先の**具体例**のように、差額を７月31日に支給するとされていたとしても、支払者の資金繰りの都合などにより、実際の支給が８月１日以降にずれ込むことも想定されます。このような場合、源泉徴収税額の計算方法には変わりはありませんが（つまり、７月の給与または賞与として計算する）、源泉徴収の納付は、原則として、実際に支給した日の属する月の翌月10日までに納付することとなります（例えば、実際の支給が９月になった場合には、10月10日までに納付）。

(3)　退職者に支給する場合

Point　賞与としての計算の場合に要注意

このように賃金改定が遡って適用される場合、すでに支給した賃金額と改定後の賃金額との差額を追加で支給することとなりますが、その間に退職した従業員がいた場合、その退職者に支給する差額については、どのような処理をすべきなのでしょうか。

まず、退職した従業員に対し、これらの差額を支給する場合、あくまでも雇用期間中の労務の対価として追加で支給する賃金である以上、給与所得として取り扱われます。退職に起因して支給される給与ではありませんので、退職所得として取り扱われることはありません。

退職者に対する差額の支給にあたっての源泉徴収税額の計算方法については、(1)及び(2)で解説した、在籍者に対する支給の場合と同様、給与として源泉徴収するか、賞与として源泉徴収するかのどちらかとなります。

ただし、賞与として源泉徴収する場合、その差額を支給する月の前月に給与の支給がない場合が考えられ、この場合には源泉徴収税額の計算方法に注意を要します。

先の**具体例**において、例えば、従業員が５月に退職した場合、すでに支給した４月及び５月（退職日まで）の賃金と改定後の賃金との差額を追加で支給することとなりますが、これを７月31日に賞与として支給する場合、６月の給与の支給がないため、一般的には、支給額の６分の１相当額を前提にして源泉徴収税額を計算し、それを６倍した金額が源泉徴収税額となります（所得税法186条１項１号ロ、２号ロ）。

3　源泉徴収税額の過誤納金の処理

Point　過誤納金は還付されるが充当方法もあり

これまでの解説は、賃金改定により賃金が増額する場合で過去に遡って支給する場合を想定したものであり、源泉徴収税額を追加納付する必要がある場合です。

これに対し、例えば、支払者において時間外手当の計算を誤り、本来よりも多くの給与額を支給してしまい、後に従業員から支給し過ぎた給与額の返還を受けた場合、源泉徴収についてはどのような処理をすべきなのでしょうか。

この点、税務署長等は国税について過誤納金があるときはこれを還付することとされています（国税通則法56条）。そして、このような給与額の計算に誤りがある場合、通常、税務署長等においてそれを知ることはありませんので、納税者（給与支払者）より還付の請求をすることとなります。もっとも、給与所得者本人に還付されるわけではなく、給与支払者に還付されることとなります。

そして、この還付請求をする場合には、「源泉所得税及び復興特別所得税の誤納額還付請求書」に過誤納額等を確認できる資料を添付して、所轄税務署長に提出することとなります。また、給与等に係る源泉所得税については、その後も継続的に給与の支給に伴う源泉徴収税額の納付が予定されているため、「源泉所得税及び復興特別所得税の誤納額充当届出書」を所轄税務署長に提出することにより、還付に代えて、その過誤納金に相当する額を、届出書の提出日以後に支払者が納付すべき給与等に係る源泉徴収税額から控除することで、実質的に過誤納金の還付を受けるという方法もあります。

14 出向に関する税務

出向のつもりでも業務委託と認定されることも

1 出向と業務委託との違い

Point 雇用関係の所在いかん

出向とは、一般に、出向元法人の従業員が出向元法人との身分関係（雇用関係）をそのままにしながら、他の企業（出向先法人）に勤務することをいいます。したがって、出向者は、出向元法人と出向先法人との両法人において雇用関係が存在することとなります（図表2-20参照）。

これに対し、業務委託とは、ほぼ請負と同義であり、一般に、委託法人のために受託法人の従業員が業務を遂行し、委託法人が受託法人に対して業務委託料を支払うことをいいます。

したがって、雇用関係は従業員と受託法人との間においてのみ存在し、委託法人との間では存在しません（図表2-21参照）。

なお、指揮命令関係の所在については、出向では、出向先法人と出向者との間に指揮命令関係が存在するのに対し、業務委託では、受託法人と従業員

〈図表2-20〉出向

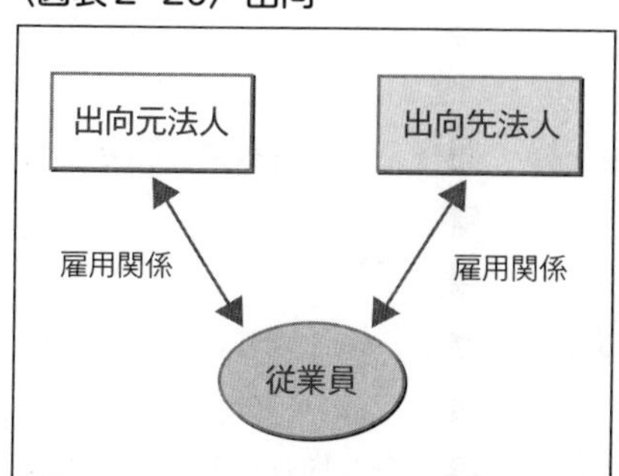

〈図表2-21〉業務委託

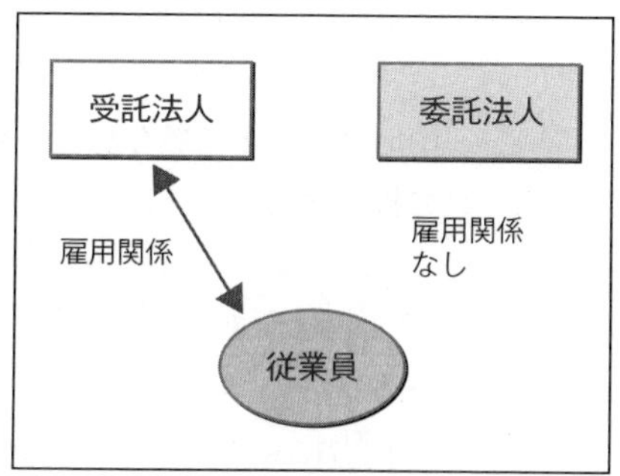

〈図表2-22〉出向

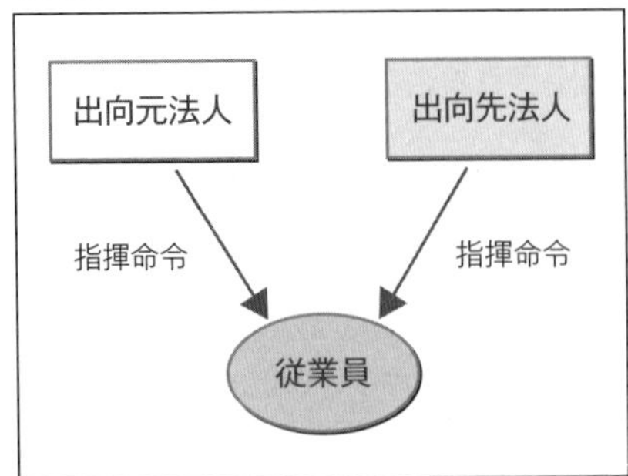

〈図表2-23〉業務委託

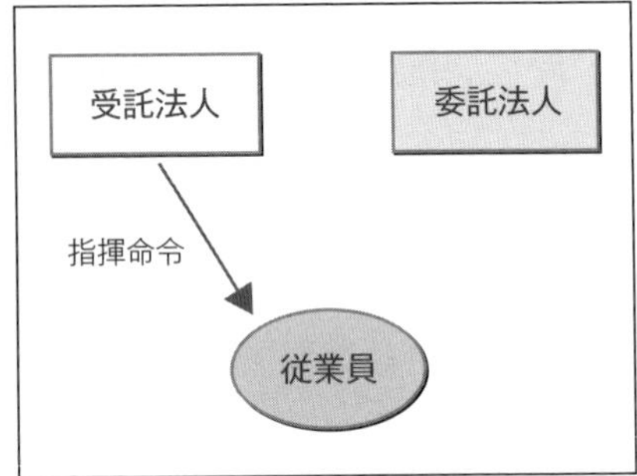

との間のみに指揮命令関係が存在し、委託法人との間には存在しません（図表2-22、2-23参照）。

労働者派遣の場合は、出向と異なり、派遣先法人との間においては、指揮命令関係はありますが、雇用関係はないとされています（図表2-24参照）。

〈図表2-24〉労働者派遣

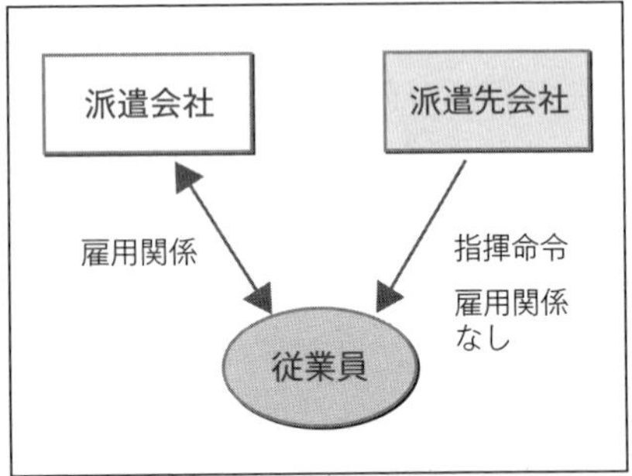

2　税務上の取扱いの違い

(1)　出向の場合

Point　出向者に対する給与は、直接支給・間接支給を問わず、給与として扱われる

出向者に対する給与を誰が負担し、誰が支払うか、については様々な形態が考えられます。

例えば、出向者に対する給与を出向先法人が負担する場合でも、出向先法人が出向者に対して直接支払う形態もあれば（直接支給）、一旦、出向先法人が出向元法人に給与相当額を支払って出向元法人が出向者に支払う形態もあります（間接支給）（図表２-25参照）。

そして、直接支給では、税務上、出向先法人における給与として損金処理されることはもちろんですが、間接支給であっても、出向先法人においてはその給与相当額の負担金は給与として取り扱われ（法基通９－２－45）、損金処理されることとなります。

また、出向者に対する給与を出向元法人が負担する形態も考えられます。例えば、下請企業に対して下請製品の検査などのために出向させている場合などが挙げられるでしょう。もっとも、一般に、出向元法人が出向者に対する給与を負担する場合は例外的な場合でしょうから、課税庁に説明できるだけの合理的理由がなければ、出向元法人から従業員に支払われる給与が、出向元法人の出向先法人に対する寄附金と認定されるおそれがあります。

〈図表２-25〉出向者に対する給与を出向先法人が負担する場合

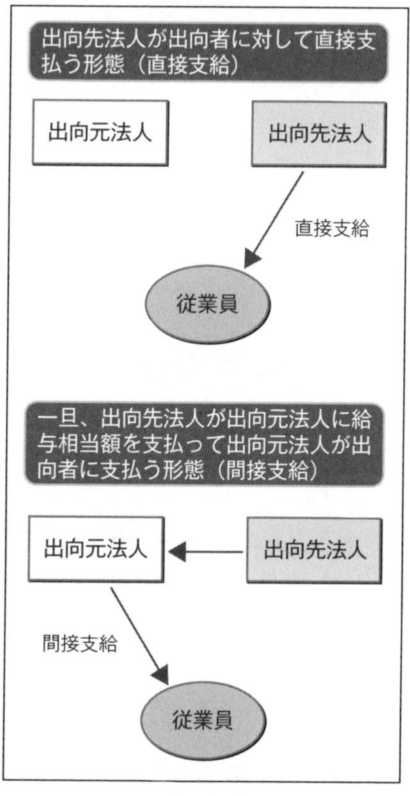

⑵　業務委託の場合

Point　消費税の課税を検討する必要あり

これに対し、業務委託の場合には、雇用関係はあくまでも受託法人との間にしか存在しませんので、従業員は受託法人から給与の支払いを受けるのみであり（受託法人においては当然給与として取り扱われ、損金算入される）、委託法人から従業員に対して直接給与等が支払われることはありません（図表2-26参照）。

しかしながら、委託法人から受託法人に対して支払われる業務委託料には消費税が課税されることとなります。消費税は、国内において事業者が行った資産の譲渡等に課税されるものですが（消費税法４条１項）、ここでいう「資産の譲渡等」には「事業として対価を得て行われる役務の提供」も含まれるためです（同法２条１項８号）。

(3)　出向の場合の消費税

Point　出向の場合には消費税の課税はない

これに対し、前述の出向における間接支給の場合のように、出向先法人から出向元法人に支払われる給与相当額の支払いには消費税は課税されるのでしょうか。

答えはNoです（図表2-27参照）。

出向元法人の従業員が出向先法人に出向した場合において、その出向した従業員に対する給与を出向元法人が支給することとしているため、出向先法人が自己の負担すべき給与に相当する金額を出向元法人に支出したときは、

〈図表2-26〉業務委託

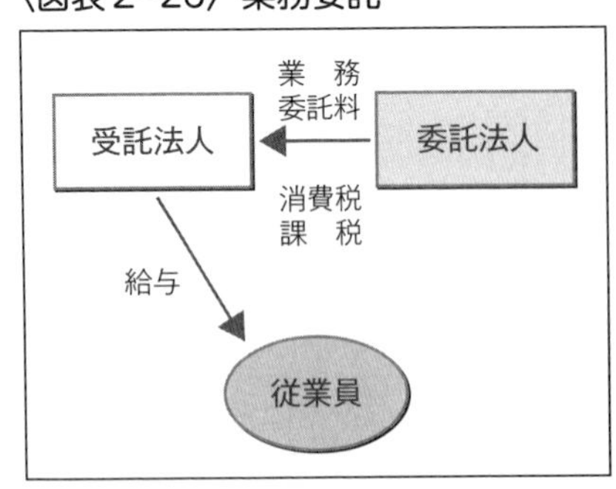

〈図表2-27〉出向

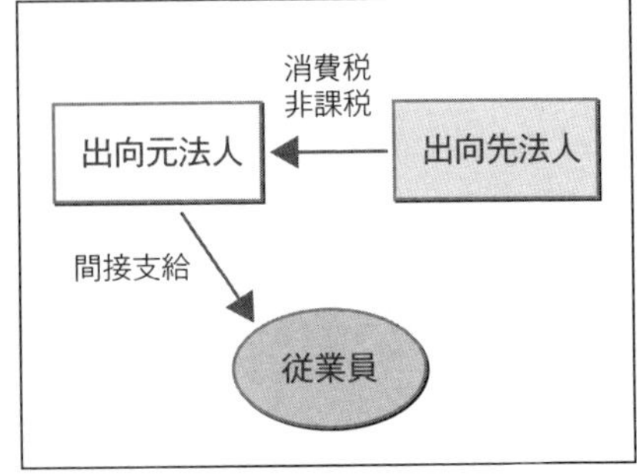

当該給与負担金の額は、出向先法人における出向者に対する給与として取り扱うこととなっています（消費税法基本通達（以下「消基通」という）5－5－10）。

3　裁決例 ～平成21年5月22日裁決[33)]

出向か業務委託かが争われた裁決例を以下で紹介します。

(1)　事案の概要と争点

本件は、原処分庁が、審査請求人の従業員を社会福祉法人の介護業務に従事させ、それにより請求人が社会福祉法人から得た金員は課税資産の譲渡等の対価に該当するとして、消費税等の更正処分等を行ったのに対し、請求人は、当該金員は出向させた従業員の給与負担金を収受したもの（出向の場合の間接支給）であるから課税資産の譲渡等の対価には該当しないとして、更正処分の取消しを求めた事案です。

争点は、請求人の従業員を社会福祉法人の介護事業に従事させて得た金員が、消基通5－5－10に定める「出向先事業者が支出する給与負担金」に該当するか否か、にありました。

(2)　裁決の内容

これに対し、国税不服審判所は次のとおり、事実認定の上、請求人の請求を棄却する旨裁決しました。

すなわち、「労務の提供を受けた事業者が支出する金員が、出向に係る給与等に該当し、本件通達〔筆者注：消基通5－5－10〕の適用があるか否かについては、その出向者とその労務の提供を受ける事業者との間の雇用関係の有無により判定すること」となり、さらに「かかる雇用関係があったことは請求人の立証責任に帰するべきである」とし、請求人と社会福祉法人との間で締結された「業務委託契約書」が存在するところ、請求人は、同契約書は形

33）国税不服審判所平成21年5月22日裁決、事例集77集482頁。

式的に作成されたものであり実用性はない旨主張するが、同契約書には、委託料金として月額80万円である旨、請求人において従業員を適正に配置し指導監督を行う旨、従業員に対する労働関係法規上の責任などは請求人が負担する旨などが規定されていることから、従業員と社会福祉法人との間に雇用関係及び業務上の指揮命令関係は存在せず、そのほか、請求人の就業規則には出向に関する規定もないことからすれば、出向とは判断できない旨認定し、消基通５－５－10の適用はないと結論付けました。

4 まとめ

Point 出向契約書などの資料はもちろん実態も出向と説明できるようにしておく必要あり

前記の裁決では、業務委託契約書と題する契約書の存在が出向ではなく業務委託であるとの認定に最も大きな影響を与えたことは間違いないと思われます。

しかし、裁決は、単に契約書の有無のみでの判断ではなく、出向先法人と従業員との間に雇用関係ないし指揮命令関係が実質的にも存在するかどうかをも検討し、さらに、雇用関係があったことの立証責任を請求人に負わせています。

このように、出向の場合で、なおかつ出向先法人が出向元法人に給与負担金を支払う、いわゆる間接支給の形態の場合においては、就業規則に出向に関する規定を設けることや出向契約書を交わしておくことが求められるのはもちろんのこと、実態面においても、出向先法人と出向者との間に雇用関係ないし指揮命令関係があることを十分説明できるようにしておくべきでしょう。

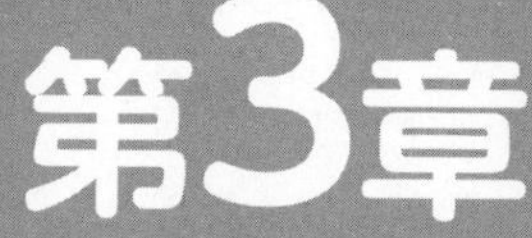

第3章

退職にまつわる税務処理

15 退職所得とは

解雇予告手当は退職所得に

1 はじめに

Point 退職所得は累進税率の適用が緩和される

所得税法上、退職所得とは「退職手当、一時恩給その他の退職により一時に受ける給与及びこれらの性質を有する給与」(所得税法30条１項) とされています。

そして、退職所得の金額は、給与の一部の一括後払いとしての性質を有するため、所得の金額を平準化させるという意味で、累進税率の適用を緩和する必要があることから、給与所得の場合とは異なり、その年中の退職手当等の収入金額から退職所得控除額を控除した残額の２分の１に相当する金額とされています (同条２項)。

■ 退職所得の計算式

(収入金額 － 退職所得控除額) × １／２ ＝ 退職所得の金額

ただし、勤続年数５年以内の法人役員等の退職所得は、平成25年分以降については、上記のような２分の１課税が廃止されました (第４章「22 役員退職金にまつわる税務処理」(142頁) 参照)。

ところで、この退職所得については、実務上、名目は退職金であっても必ずしも退職所得とはいえない場合や、また、グループ会社内での異動がある場合に異動前の勤続期間が通算されるなど、退職所得控除の金額の計算上、どこまでの勤続期間を含めるべきかなどの問題も少なくありません。

2 退職所得の範囲

(1) 退職後に支払われる給与

Point 退職に基因しているか

退職所得とは「退職手当、一時恩給その他の退職により一時に受ける給与及びこれらの性質を有する給与」とされているところ、ここでいう退職手当とは、「本来退職しなかったとしたならば支払われなかったもので、退職したことに基因して一時に支払われることとなった給与」とされています（所基通30－1）。

したがって、退職の際や退職後に支給されたものであっても、賞与や給与改定に伴う差額などの支給については、退職所得とはされません[1)]。

(2) 従業員から執行役員への就任に伴う一時金

Point 実質的な雇用契約の終了が必要

従業員（職制上従業員としての地位のみを有する者に限る）からいわゆる執行役員に就任した者に対し、その就任前の勤続期間に係る退職手当として一時に支払われる給与のうち、例えば、次のいずれにも該当する執行役員制度の下で支払われるものは、退職手当に該当するとされています（所基通30－2の2）。

(1) 執行役員との契約は、委任契約又はこれに類するもの（雇用契約又はこれに類するものは含まない。）であり、かつ、執行役員退任後の使

1）三又修 他編『所得税基本通達逐条解説（平成29年版）』（以下「逐条解説」という）（大蔵財務協会）167頁参照。

用人〔従業員〕としての再雇用が保障されているものではないこと
⑵　執行役員に対する報酬、福利厚生、服務規律等は役員に準じたものであり、執行役員は、その任務に反する行為又は執行役員に関する規程に反する行為により使用者〔会社〕に生じた損害について賠償する責任を負うこと

（注）〔　〕内は筆者注。

ただし、上記例示以外の執行役員制度の下で支払われるものであっても、個々の事例の内容から判断して、従業員から執行役員への就任につき、勤務関係の性質、内容、労働条件等において重大な変動があって、形式的には継続している勤務関係が実質的には単なる従前の勤務関係の延長とはみられないなどの特別の事実関係があると認められる場合には、退職手当に該当するとされています。

⑶　拠出制の企業内年金制度に基づく一時金

Point　年金払いは雑所得

いわゆる拠出制の企業内年金制度に基づく年金は、公的年金等として雑所得に該当するとされていますが（所基通35－５）、この制度に基づく一時金は退職所得に該当するとされています（所基通30－３前段）。

そして、退職所得に該当する場合、その収入金額は、「その一時金の額から受給者が拠出した掛金（支給日までにその掛金の運用益として元本に繰り入れられた金額を含む。）の額を控除した金額による」とされています（所基通30－３後段）。

(4) 退職年金制度に基づく一時金

Point 受給開始日以前のものは退職所得

退職年金制度においては、年金受給権者の選択その他一定の事由により、将来の年金給付の全部または一部に代えて一時金を支払う場合がありますが、このような一時金については、①退職の際の選択によりそのときに支払われるもの、②退職に際し退職手当の支払いを受けたことのない者に対し退職後最初に支払われるもの、③年金の支払者である法人の解散により将来の年金給付の総額に代えて支払われるもの——は、それぞれ退職時または支給時の退職所得とされており、④その他のものは原則として支給時の雑所得とされています。

もっとも、④のうち、年金の受給開始日（最初に年金の支払いを受ける日）以前に支払われるもの、また、同日後に支払われるものでも、将来の年金給付の総額に代えて支払われるものについては、退職所得とするとされています（所基通30－4）[2]。

また、厚生年金基金、確定給付企業年金、適格退職年金に基づいて支給される年金についても、年金に代えて支払われる一時金のうち、退職の日以後その年金の受給開始日以前に支払われるもの、また、同日後に支払われるもので、将来の年金給付の総額に代えて支払われるものも同様とされています（所基通31－1）。

(5) 解雇予告手当

Point 解雇も退職と同様

労働基準法上、「使用者は、労働者を解雇しようとする場合においては、少くとも30日前にその予告をしなければならない。30日前に予告をしない使用

2）三又修 他編、前掲『逐条解説』172頁参照。

者は、30日分以上の平均賃金を支払わなければならない。」(20条) と規定されているところ、ここでいういわゆる解雇予告手当は、解雇すなわち退職を原因として一時に支払われるものであるから、退職所得に該当するとされています（所基通30－５)。

⑹　死亡退職金

Point　相続人の一時所得とされる場合も

死亡退職により支払われる退職手当で、死亡後に支給期の到来するもののうち、相続税法の規定により相続税の課税価格計算の基礎に算入されるものについては、所得税は課税されません（所基通９－17)。ただし、それ以外のものに係る所得は、その支払いを受ける遺族の一時所得とされています（所基通34－２)。

⑺　未払賃金立替払制度に基づく支払い

Point　立替払いも退職所得

事業主の倒産等により賃金の支払いを受けないで退職した労働者に対し、国がその使用者に代わって未払賃金を弁済するといういわゆる未払賃金立替払制度に基づいて、労働者が国から弁済を受けた給与は、その労働者が退職した日の属する年分の退職所得とされています（租特法29条の４)。

3 退職所得控除額

(1) 退職所得控除額の計算

Point 所得税法別表6を参照

通常の場合の退職所得控除額は、図表3－1の算式によって計算されます。

また、職務上または職務外の傷病により障害者となったことに直接基因して退職する場合には、この算式により計算した金額にさらに100万円を加算した金額が退職所得控除額となります。

なお、この退職所得控除額は、所得税法別表6「源泉徴収のための退職所得控除額の表」に、その一覧が掲載されています。

〈図表3－1〉勤続年数と退職所得控除額

勤続年数	退職所得控除額
20年以下の場合	40万円 × 勤続年数 （ただし、その額が80万円未満のときは80万円）
20年を超える場合	800万円＋70万円 ×（勤続年数－20年）

(2) 勤続年数の計算（通常の場合）

Point 長期欠勤なども含まれる

通常の場合の勤続年数は、退職手当の支払いを受ける人が、退職手当の支払者のもとにおいてその退職手当の支払いの基因となった退職の日まで引き続き勤務した期間によって計算することとされています。

ただし、以下の点について留意する必要があります。

① 勤続期間に１年未満の端数があるときは、その端数は１年に切上げて勤続年数を計算します。

② 長期欠勤や休養（他に勤務するための休養を除く）の期間も勤続期間に含めますが（所基通30－７）、日々雇い入れられる者であったため、支払いを受ける給与について日額表の丙欄(※)の適用を受けていた期間は、勤続期間に含めません（所基通30－９）。

※ 丙欄：所得税法別表３「給与所得の源泉徴収税額表（日額表）」の丙欄のことを指します。

(3) 勤続年数の計算（特殊な場合）

Point 控除額の計算に要注意

グループ会社内での異動などで、例えば、親会社から子会社へと転籍したようなとき、退職金算定にあたって親会社の勤続期間を通算して計算する場合があります。

このようなとき、退職給与規程等において明らかに定められている場合に限って、退職手当等の支払金額の計算上、他の者（前記の例の親会社）のもとで勤務していた期間を勤続期間に含めて計算することが認められています（所基通30－10）。

ただし、前記の例で親会社から子会社へ転籍する際に、親会社から退職手当の支給を受けている場合には、子会社退職時の勤続年数に対応する退職所得控除額から親会社の退職手当の計算の基礎となった勤続期間に対応する退職所得控除額を控除する必要があり、その控除後の金額が子会社退職時の退職手当の退職所得控除額となります（所得税法施行令69条、図表３-２参照）。

〈図表3－2〉転籍先の子会社を退職する場合の退職所得控除額の例

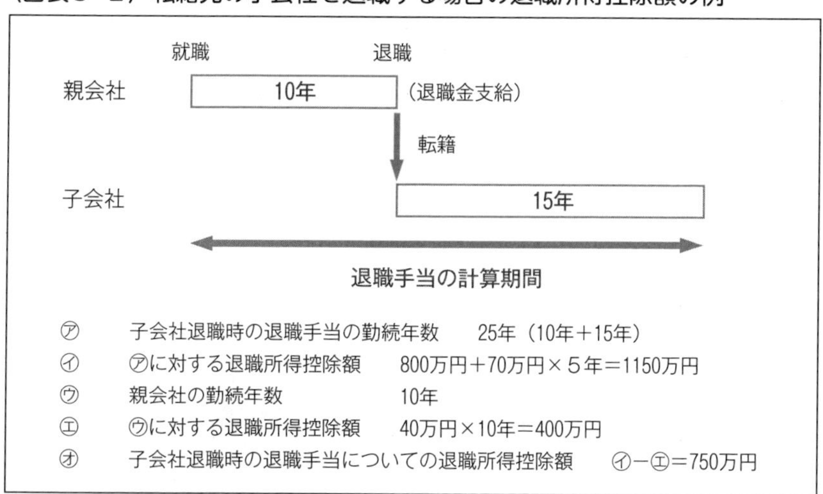

このほか、その年に２以上の退職手当を受ける場合には、最も長い期間により計算することとなりますが、この最も長い期間と重複していない期間は、この最も長い期間に加算します（所得税法施行令69条）。

例えば、図表３－３の勤務状態の場合は、乙社の勤続期間が最も長い期間となりますが、重複していない期間（Ⓐ）がありますので、乙社の勤続期間に丙社の勤続期間のうちⒶの期間を加算した期間が勤続期間となります。

〈図表3－3〉その年に２以上の退職手当を受ける場合の勤続年数の計算例

乙社の勤続期間に丙社の勤続期間のうち Ⓐ の期間を加算した期間が勤続期間となる。

甲社

乙社

丙社

Ⓐ

16 退職者の年末調整

退職者でも年末調整が必要な場合も

はじめに

Point 税務上の処理は不可欠

役員や従業員に対する給与などの支払いの際には、健康保険や年金、雇用保険などの社会保険関係の処理のほか、源泉所得税や住民税などの税務関係の処理も不可欠であることはいうまでもありません。

そして、これらの税務上の処理は、通常の給与や賞与などの支払いの際に一定の処理が必要であることのほか、退職した場合には通常の場合とは異なる処理が求められることとなります。

以下では、まず、給与や賞与の支払いといった通常の場合の税務処理を簡単に説明し、その後、退職した場合に必要となる手続や処理について解説します。

2 通常の場合の税務処理

Point 源泉徴収は必須

給与所得とは、「俸給、給料、賃金、歳費及び賞与並びにこれらの性質を有する給与に係る所得」（所得税法28条１項）をいいます。

一般には、毎月支払う給料と年に１～２回程度の支払いのある賞与が典型的な給与所得といえます。ただし、現物給与などの経済的利益も給与所得とされる場合があります（詳細は第２章参照）。

この給与所得に対する所得税については、いわゆる源泉徴収制度が採用されています。すなわち、給料や賞与を支払う際に、その支払者が一定の所得税を徴収し、これを所定の期限までに国に納付することとされています。

ここで、一定の所得税の額については、国税庁から毎年発行される「給与所得の源泉徴収税額表」により算出されます。

ただし、平成25年1月1日から平成49年12月31日までの間に生ずる所得については、源泉所得税を徴収する際に、復興特別所得税を併せて徴収し、源泉所得税の法定納期限までに納付する必要があります。そのため、平成25年分以降の税額表には復興特別所得税の額も含まれています。

また、所定の期限とは、原則は給与や賞与を支払った翌月10日まで、となっています。

ただし、納期の特例の承認を受けている場合には、1月から6月までの間に支払った給料などに係る所得税は7月10日まで、7月から12月までの間に支払った給料などに係る所得税は翌年1月20日まで、となっています。

なお、役員に対して支給する賞与については、その支払いが確定した日から1年を経過した日までに支払いがない場合には、その1年を経過した日に支払いがあったものとみなして、未払賞与についての所得税の源泉徴収をしなければならないことになっています。

Point　年末調整が必要

ところで、この源泉徴収制度によって徴収された税額の1年間の合計額は、給与の支払いを受けた者の年間の給与総額に対して課税される所得税の額とは一致しないのが通常です。

一致しない理由としては、源泉徴収税額表は年間を通じて毎月の給与の額に変動がないものとして作成されているため、年の途中で給与額に変動があることが考えられること、年の途中で控除対象扶養親族の数などに異動があっても、異動後の支払い分から修正されるだけであること、毎月の源泉徴収では生命保険料や地震保険料などの控除は考慮されていないことなどが挙げられます。

そこで、この不一致を精算するため、1年間の給与総額が確定する年末にその年に納付すべき税額を正しく計算し、それまでに源泉徴収した税額との過不足額を算出し、その過不足額を徴収または還付して精算することが必要となります。この精算の手続のことを年末調整と呼んでいます。

Point 毎月の源泉と年末調整で足りる

このように給料や賞与に対する役員や従業員が納付すべき所得税については、毎月の源泉徴収と年末調整という処理を行うことで納付が完了することとなります。

一般に給与所得者は、勤務先から受ける給与以外に所得がないか、給与以外に所得があっても少額であるという人がほとんどであるため、そのような人については確定申告などの手続は不要となります。

Point 源泉徴収票の作成と提出の必要あり

給与の支払者は、年末調整終了後に従業員などについて、その年の１月から12月までの間に支払いの確定した給与の金額や源泉徴収税額などを記載した「給与所得の源泉徴収票」を２部作成し、そのうち１部を合計表とともに翌年１月31日までに税務署長に提出し、他の１部を従業員に交付する必要があります。

なお、平成26年１月１日以降、源泉徴収票や支払調書を提出する場合において、それらの種類ごとに、その年の前々年に提出すべきであった源泉徴収票や支払調書の枚数が1000枚以上であるものについては、e-Taxまたは光ディスク等による提出が義務化されています。

3 退職した場合の処理

Point 源泉徴収票の交付は早めに

以上の通常の場合の処理に対し、従業員などが退職した場合には、通常とは異なる処理が必要となります。

まず、通常、年末調整の後に従業員等に交付する源泉徴収票については、退職した場合、退職後１か月以内に税務署長と当該従業員等に交付しなければなりません。これは、当該従業員等が確定申告をする場合や新たな職場に勤務する場合に必要となるためです。

Point　年末調整は原則不要

次に、年末調整についても、通常とは処理が異なり、退職した従業員等についての年末調整は、原則としては不要となります。

しかしながら、以下の場合には、年末調整が必要です。また、その必要となる時期については、いずれも退職したときとなっています。

①　年の途中で死亡退職した人

②　著しい心身の障害のため年の途中で退職した人で、その退職した時期からみて本年中に再就職ができないと見込まれる人

③　12月中に支給期の到来する給与の支払いを受けた後に退職した人

④　いわゆるパートタイマーとして働いている人などが退職した場合で、本年中に支払いを受ける給与の総額が103万円以下である人（退職後本年中に他の勤務先等から給与の支払いを受けると見込まれる人を除く）

年の途中で退職した人がその年中に他に再就職し、再就職先において給与の支払いを受ける場合には、前の勤務先から受けた給与を含めて再就職先において年末調整することになっています。したがって、年の途中で退職した場合でも再就職すると見込まれる場合には年末調整は不要です。

しかしながら、その退職した人がその後年末調整の対象となる給与の支払いを受けないことが明らかな場合、すなわち、上記①～④の場合には、退職したときに年末調整を行い、税額の精算を行うことが必要、ということです。

17 退職者に係る個人住民税の特別徴収

「個人住民税」は前年の所得に課税される

1 個人住民税の課税 ～都道府県民税と市町村民税

住民税には個人住民税と法人住民税とがありますが、ここでは、特に給与所得者の個人住民税を取り上げます。

まず、個人住民税は、都道府県民税（都道府県内に住所を有する個人に対する課税）と市町村民税（市町村内に住所を有する個人に対する課税。ただし東京23区の場合は「特別区民税」といい、以下「特別区民税」を含めて「市町村民税」という）とに分かれています。

そして、都道府県民税も市町村民税も、所得割額（所得に対する課税額）と均等割額（均等の額に対する課税額）の合算額によって課税されることとなっています。

Point 均等割と所得割がある

均等割は、地方団体内に住所を有する個人を納税義務者として均等額で課されます。ただし、生活扶助を受けている者、合計所得額が125万円以下の障害者等などは免除されています。

都道府県民税は1000円、市町村民税は3000円とされています。ただし、東日本大震災の復旧・復興事業の一環として全国の地方団体で予定されている緊急防災・減災事業の財源として、平成26年から平成35年までの10年間の個人住民税均等割が1000円（道府県・市町村各500円）引き上げられることとなっています。

また、所得割も地方団体内に住所を有する個人を納税義務者として、その所得に対して課されます。ただし、均等割同様、所得割も免除される場合があります。そして、対象となる所得は所得税の場合と同じです。

Point　前年の所得に対して課税

ところで、所得割額については、いわゆる前年所得課税主義が採用されています（ただし、退職所得を除く）。すなわち、所得税がその年分の所得に対して課税されるのに対し、住民税は、課税される年の前年分の所得に対して課税されることとなっています。

住民税について、このような前年所得課税主義が採用されている理由については諸見解があるようですが、立法担当者の説明によれば「同じ所得に対して課税する国税の所得税と、市町村の市町村民税とがともに申告納税制度をとることは二重行政の嫌いがあり、且つはシャウプ勧告にいう簡易なる税制の精神にも沿わないことになるので、国税が前年分として最終的に決定した所得税額等を課税標準にとることにした」とされています[3)]。

なお、この前年所得課税主義に対しては、「納税者による所得の取得の時期と納税義務の確定、納付の時期との時間的なズレによって、捕捉や徴収が困難に」なるなどの弊害も指摘されているところです[4)]。

2　個人住民税の徴収方法 ～特別徴収と普通徴収

給与所得者の個人住民税は、その給与所得に係る所得割額と均等割額の合算額について、原則として、特別徴収の方法によって徴収することとされています。なお、都道府県民税は、市町村民税の徴収の例によりその市町村民税の徴収と併せて行うこととされています。

この特別徴収による徴収は、納税義務者が前年中において給与の支払いを受けた者（給与所得者）であり、かつ、その年度の初日（４月１日）において給与の支払いを受けている者である場合に、当該納税義務者（給与所得者）

３）吉川宏延『源泉所得税と個人住民税の徴収納付－しくみと制度－』（税務経理協会）49頁。
４）同書17頁。

〈図表３-４〉特別徴収の手続の流れ

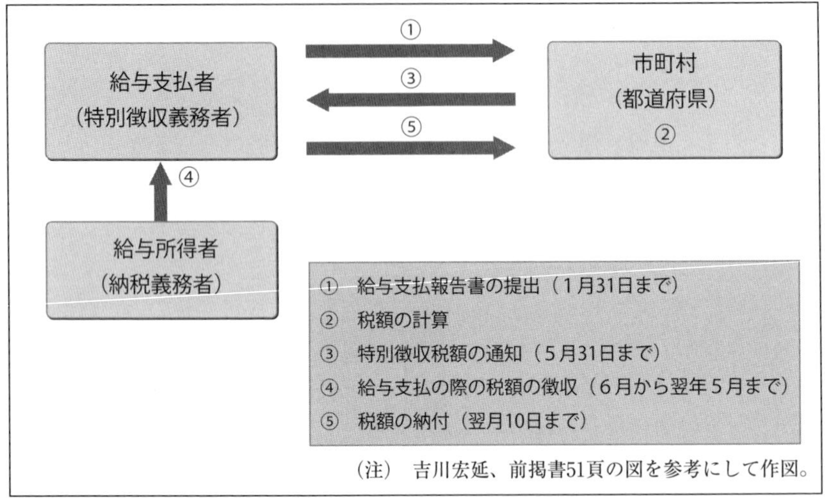

（注）　吉川宏延、前掲書51頁の図を参考にして作図。

に対して課する個人の住民税のうち所得割及び均等割額の合算額について、給与支払者（特別徴収義務者）が給与所得者に対して給与を支払う際に税額を徴収する、という方法です。

具体的な手続の流れは**図表３-４**のとおりとなります。

まず、給与支払者は、当該給与所得者に対する給与について、いわゆる年末調整をするのと同時に、支払金額、給与所得控除後の金額、所得控除の額の合計額、源泉徴収税額、社会保険料等の金額などが記載された給与支払報告書を作成し、その給与を支払った年の翌年の１月31日までに、当該給与所得者の１月１日現在の住所がある市町村に提出します（①）。

それを受けた市町村（都道府県）は、市町村民税及び都道府県民税の税額（特別徴収税額）を計算し（②）、５月31日までにその税額を給与支払者に通知します（③）。

それを受けた給与支払者は、通知された特別徴収税額を６月から翌年５月までに支払う給与から控除し（④）、その控除した特別徴収税額を翌月10日までに市町村に納付します（⑤）。

なお、毎月控除する税額は１年分の税額を12か月で割っていますが、端数は最初の６月分に組み入れられています。また、市町村への納付については、従業員が10人未満の場合には市町村からの承認を受けることにより６月から11月までの分を12月10日までに、12月から５月までの分を６月10日までに納付することが可能です。

Point　特別徴収によらない場合には

給与所得であっても、支給期間が１か月を超える期間により定められている給与のみの支払いを受けていること、その他これに類する理由があることにより特別徴収の方法によることが著しく困難であると認められる者については、普通徴収（市町村が個人に対して直接税額を通知し、個人が納付する方法）によるとされています。

3　退職した場合の処理

Point　退職時期により処理が異なる

給与所得者が退職した場合、それ以降、給与支払者（特別徴収義務者）は当該給与所得者に給与を支払うことがなくなるため、個人住民税の特別徴収はどのように処理すればよいかが問題となります。

この点、住民税の特別徴収の納付期間は６月から翌年５月までであるところ、まず、１月１日から５月31日までに退職した場合には、その最後に支給する給与から残りの期間分の住民税を一括徴収することとなっています（５月退職の場合は、残りの期間が５月だけなので、通常どおり徴収することとなる）。

次に、６月１日から12月31日までに退職した場合には、その退職する給与所得者の意向により、次の３つの方法のいずれかの処理をすることとなります。

①　退職した月の給与を支払う際に、翌年５月分までの残りの住民税全額を一括して控除して徴収する方法

「給与所得者異動届出書」に一括徴収した額、一括徴収分の納付日などを記入して住民税支払先の市町村に送付します。ただし、一括徴収する額が給与や退職金の合計を超えるときはこの方法はとれません。

②　退職した後の住民税をその退職した給与所得者が直接支払う普通徴収に切り替える方法

「給与所得者異動届出書」を退職のあった日の翌月10日までに住民税支払先の市町村に送付します。

③　新たな就業先が決まっている場合、その就業先（給与支払者）で引き続き特別徴収を継続する方法

「給与所得者異動届出書」を速やかに新たな給与支払者に送付します（退職者に交付し、退職者から新たな給与支払者に提出してもらうことも可）。

18 退職所得に対する所得税と個人住民税

退職金に対する住民税は現年課税

1 いわゆる退職金について

Point 労使慣行に基づき発生する場合も

多くの企業では、従業員の退職に備えて退職金制度を設けています。ただ、退職金制度を設けるか否かは、企業の自由（任意）ですので、特に中小企業においてはそもそも退職金制度が設けられていないところも少なくないと思われます。

また、退職金は原則として退職金規程に基づいて発生します。つまり、退職金規程がなければ退職金は発生しないこととなります。もっとも、退職金規程がなくても、事実上退職金が支払われているような場合、その実態から具体的な計算式が明確であるときは、労使慣行に基づいて発生することもあります。

2 所得税の処理

Point 退職所得は担税力が考慮された所得計算

退職所得は、一般に、長年の勤務に対する報償的給与であり、給与の一部の一括後払い的な性質を有するといわれています。そして、雇用関係に基づく労働力の提供という点では給与と同じ性質を有しますが、老後の生活の糧という性質も多分に認められるため、給与に比して担税力が弱いとされています。

そのため、退職所得の金額の計算は、その年中の退職手当等の収入金額から退職所得控除額を控除した残額の２分の１に相当する金額とされています(**退職所得の計算式**（98頁）参照)。

そして、退職所得控除額は、勤続年数が増加するのに応じて増加するものとなっており、具体的には**図表３-１**（103頁）のとおりです。

なお、障害退職、つまり、職務上または職務外の傷病により障害者となったことに直接基因して退職した場合には、**同図表**の計算式で算出された金額に100万円が加算された金額が退職所得控除額となります。

Point　退職所得申告書の有無で源泉徴収税額が異なる

ところで、退職手当等に対しては源泉徴収を行う必要がありますが、その税額計算の方法は、受給者が退職所得申告書を提出しているかどうかによって異なります。

すなわち、退職手当等の支払いの際に、受給者が「退職所得の受給に関する申告書」(退職所得申告書) を提出している場合には、退職手当等の支払者が**図表３-５**の速算表に基づき所得税額を計算し、その退職手当等の支払いの際に源泉徴収を行うこととなります。したがって、受給者は原則として確定申告をする必要はありません。

〈図表３-５〉退職所得の源泉徴収税額の速算表

課税退職所得金額(A)	所得税率(B)	控除額(C)	税額＝((A)×(B)－(C))×102.1%
1,950,000円以下	5%	—	((A)×５%)×102.1%
1,950,000円超　3,300,000円〃	10%	97,500円	((A)×10%－　97,500円)×102.1%
3,300,000円〃　6,950,000円〃	20%	427,500円	((A)×20%－　427,500円)×102.1%
6,950,000円〃　9,000,000円〃	23%	636,000円	((A)×23%－　636,000円)×102.1%
9,000,000円〃 18,000,000円〃	33%	1,536,000円	((A)×33%－1,536,000円)×102.1%
18,000,000円〃 40,000,000円〃	40%	2,796,000円	((A)×40%－2,796,000円)×102.1%
40,000,000円〃	45%	4,796,000円	((A)×45%－4,796,000円)×102.1%

（注）１　平成27年１月１日以降に適用されている税額表。
　　　２　求めた税額に１円未満の端数があるときは、これを切り捨てます。

出所：国税庁「平成30年分 源泉徴収税額表」18頁

これに対し、受給者が退職所得申告書を提出していない場合には、源泉徴収すべき税額は、勤続年数に応じて計算される退職所得控除額の控除を行うことなく、その支払う退職手当等の金額に一律20％（ただし、平成25年分からは復興特別所得税を加算した20.42％）の税率を乗じて計算した金額となります。この場合、その源泉徴収税額が退職所得控除額等を適用して求めた税額よりも少ないときには、確定申告しなければならない場合があります。

なお、いずれの場合においても、退職手当等の支払者は、源泉徴収した税額をその徴収した日の属する月の翌月10日までに所轄税務署に納付する必要がありますが（所轄税務署長の承認を受けることで納期の特例の適用がある）、これは給与の源泉徴収の場合と同様です。

また、支払者は、受給者に対して退職所得の源泉徴収票を交付することとなります。

3 住民税の処理

Point 前年課税ではなく現年課税

退職所得については、給与所得と同様、個人住民税も課税されます。

ところで、個人住民税のうちの所得割額については、いわゆる前年所得課税主義が採用されていることは、「17 退職者に係る個人住民税の特別徴収」（110頁）で解説したところです。

しかしながら、この退職所得については、前年所得課税主義は採用されていません。古くは、退職所得についても、この前年所得課税主義が採用されていましたが、そもそも前年所得課税主義に対しては、所得の取得の時期と納税義務の確定等のズレによる納税者の負担感などの問題がある中、特に退職所得については、多くは定年で引退した高齢者であるため、引退した年の翌年に課されることはかなりの負担になります。そのため、昭和41年の税制改正で退職所得についてのみ前年所得課税主義が修正され、所得の発生した年に課税されることとなりました。

Point 給与と異なり支払者が税額を計算

退職所得に対する個人住民税については、給与の場合とは異なり、税額の計算は、市町村（東京都の23区を含む）ではなく、退職手当等の支払者が行うこととなります。そして、支払者が退職手当等を支払う際にその税額を特別徴収することとなります。

具体的な手続の流れは図表３-６のとおりとなります。

〈図表３-６〉退職所得に対する個人住民税の特別徴収の流れ

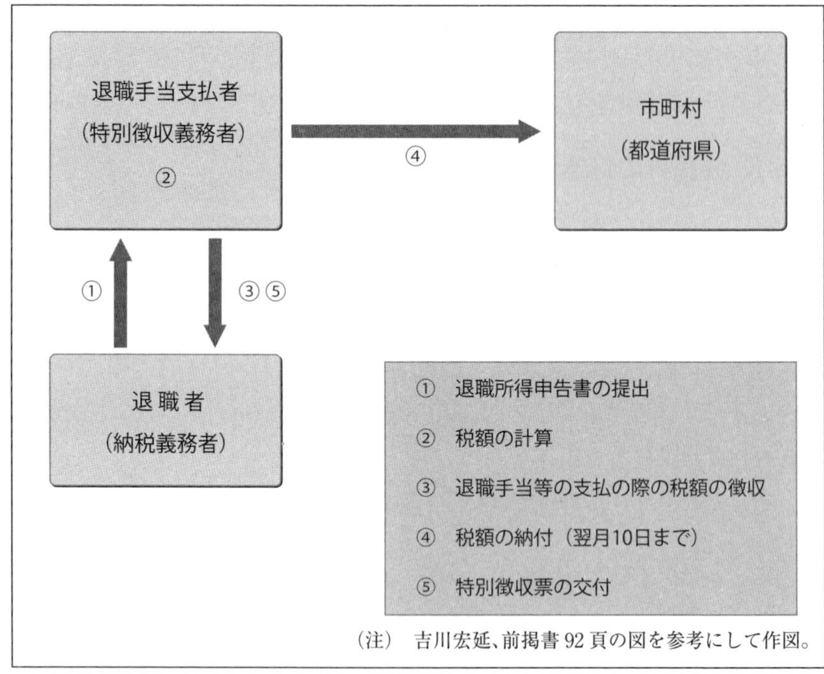

（注）　吉川宏延、前掲書 92 頁の図を参考にして作図。

まず、退職者（退職手当等の受給者）は退職所得申告書を支払者に提出します（①）。

次いで、支払者は税額を計算します（②）。まず、退職所得については所得税と同様に算出します。そして、その退職所得に対して税率６％を乗じた金額が市町村民税とされ、税率４％を乗じた金額が都道府県民税とされています。そして、それらの税額の合計額が特別徴収すべき額となります[※]。

その後、支払者は退職者に対して退職手当等を支払う際に特別徴収税額を控除し（③）、その税額を翌月10日までに市町村に納付することとなります（④）。

最後に、支払者は退職者に対して特別徴収票を交付することとなります（⑤）。

※　平成19年１月１日から平成24年12月31日までの退職所得に対する住民税額の計算は、６％の市町村民税と４％の都道府県民税の合計額から、さらにその額の10％相当額を控除した金額とされていました。しかし、平成25年１月１日以降についてはこの10％相当額の控除がなくなりました。

19 従業員等死亡時の税務処理

相続税か所得税かの見極めを

1 はじめに

Point 相続税か所得税かが重要

人が死亡すると、その者について相続が開始します（民法882条）。相続が開始すると、死者（被相続人という）の生前にもっていた財産上の権利義務（つまり相続財産をいう）を相続人が包括的に承継することとなります。そして、相続人には、承継した相続財産に対して相続税が課され、相続人はその課される相続税を申告し、納付することとなります。

一方、人（個人）が生前に得た所得に対しては所得税が課されます。所得税についても申告納付が原則ですが、給与所得や退職所得など、源泉徴収によって納付すべき場合もあります。また、人が死亡すると、その者のその年の１月１日から死亡日までの所得について、１か所からの給与所得者である場合を除き、その者の相続人が死亡を知った日から４か月以内に申告することが必要です（これを準確定申告と呼んでいる）。

このように人が死亡した場合には､その者の所得について相続税として処理すべきなのか、所得税として処理すべきなのか、という点が重要となります。

2 給与について

Point 支給日が到来しているかどうかで判断

給与については、死亡日以前に支給日が到来している給与と、死亡日の翌日以後に支給日が到来する給与とで、その取扱いが異なります。

(1)　死亡日以前に支給日が到来している給与

この給与（死亡日が支給日であった場合も含む）については、所得税の課税対象となるため、会社などの支払者において源泉徴収する必要があります（**死亡日以前に支給日が到来している給与の具体例**参照）。

そして、給与の支払者は、その年の１月１日から死亡日までに支給された給与及び賞与について、年末調整を行う必要があります。

さらに、給与の支払者は、「給与所得の源泉徴収票」を作成し、給与の支払いを受ける者に交付する必要がありますが、給与の支払いを受ける者が死亡した場合には、その相続人がその死亡した者（被相続人）の準確定申告を行う場合がありますので、被相続人の所得金額を確認するための資料として、相続人に対し、「死亡退職」欄に「○」を表示した源泉徴収票を交付することとされています。

■　死亡日以前に支給日が到来している給与の具体例

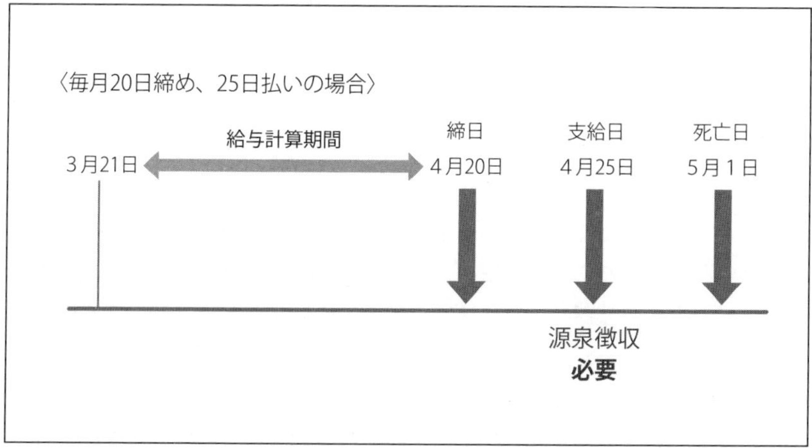

(2)　死亡日の翌日以後に支給日が到来する給与

この給与については、所得税ではなく、相続税の課税対象とされています（**死亡日の翌日以後に支給日が到来する給与の具体例**（122頁）参照）。

したがって、所得税の源泉徴収は不要ということとなります。もっとも、

■ 死亡日の翌日以後に支給日が到来する給与の具体例

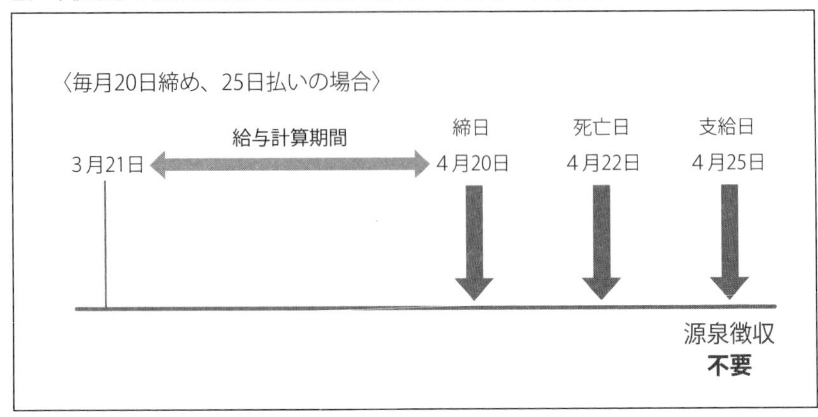

この場合においても、給与の支払者は、その年の１月１日から死亡日までに支給された給与及び賞与について、年末調整を行うことになります。

Point 誰にどのように支払うべきか

ところで、死亡日の翌日以後に支給日が到来する給与についてですが、その給与の支払方法（誰にどのように支払うか）が実務上問題となることが少なくありません。

この点、このような未払いの給与（つまり、相続人からすれば給与支払請求権という債権となる）は、法律上、相続の開始と同時に、法定相続分の割合に応じて当然に分割されて各法定相続人に帰属するとされています。

したがって、例えば、相続人が、妻と子２人の場合、妻の法定相続分が２分の１、子の法定相続分が４分の１ずつ、となりますので、未払い給与額が20万円の場合には、妻が10万円を、子らが５万円ずつを、会社などの給与支払者に請求することができる、ということとなります。

しかし、実務上、このように分割して支払うことは稀でしょうから、相続人代表者に一括して支払うのが一般的だと思われます。

もっとも、相続人間で紛争となるおそれもありますので、できる限り、相続人全員の了解を得た上で相続人代表者に支払うことが望ましいといえます。

3 退職金について

Point 相続税の課税対象になる

従業員や役員が死亡した場合に死亡退職金が支給される場合がありますが、この死亡退職金については、死亡後に支給日が到来するものとして、所得税ではなく相続税の課税対象となります。

すなわち、被相続人の死亡により相続人がその被相続人に支給されるべきであった退職金等で、被相続人の死亡後３年以内に支給が確定したものの支給を受けた場合には、その退職金等を相続により取得したものとみなされるとされています（相続税法３条１項２号）。

ただし、この相続人が相続によって取得したものとみなされる退職金等については、一定額（法定相続人１人当たり500万円）までは非課税財産とされています（同法12条１項６号）。

なお、複数の相続人がいる場合に、これらの退職金等を相続人に対して支払うときには、給与の場合と同様、相続人全員の了解を得た上で相続人代表者に支払うことが望ましいといえます。

Point 法定調書の要否はケース別

前述のとおり、死亡退職金については、死亡した者の所得税の課税対象ではないため、源泉徴収は必要ありませんので、退職所得の源泉徴収票の作成も必要ありません。

ただし、「退職手当等受給者別支払調書」を提出する必要があります。

これは、「退職所得の源泉徴収票」とは異なり、役員以外の者であっても、受給者（相続人等）ごとの退職手当等の支払金額が100万円を超える場合には提出する必要があるものです。

Point　3年経過後は一時所得に

死亡した者の退職金であっても、死亡後3年を経過してから支給が確定したものについては、相続税の課税価格計算の基礎に算入されませんので、相続人の一時所得として所得税の課税対象となります。

ただし、この場合には、支払者には前述のような法定調書の作成や提出は必要ありません。

4　弔慰金について

Point　退職金との区別を適切に

従業員や役員の死亡により相続人その他の者に対して支給される弔慰金、花輪代、葬祭料等（以下「弔慰金等」という）については、社会通念上見舞金等といえる程度の金額であれば、原則として非課税とされています。

もっとも、退職金との区別が問題となる場合があります。

まず、この退職金との区別については、当該金品が退職給与規程その他これに準ずるものの定めに基づいて支給される場合はこれにより、その他の場合は当該被相続人の地位、功労等を考慮し、また、類似事業における当該被相続人と同様な地位にある者が受けると認められる額等を勘案して判定するものとされています（相続税法基本通達（以下「相基通」という）3－19）。

次に、上記の方法による判定によって、名目が弔慰金等であっても、その実質が退職金である場合には退職金として相続税の課税対象となりますが、それ以外の場合は、次に掲げる金額を弔慰金等として取り扱い、その金額を超える場合は、その超える部分を退職金として取り扱うものとされています（相基通3－20）。

(1)　被相続人の死亡が業務上の死亡であるときは、その雇用主等から受ける弔慰金等のうち、当該被相続人の死亡当時における賞与以外の普

通給与（俸給、給料、賃金、扶養手当、勤務地手当、特殊勤務地手当等の合計額をいう。以下同じ。）の３年分……に相当する金額

(2)　被相続人の死亡が業務上の死亡でないときは、その雇用主等から受ける弔慰金等のうち、当該被相続人の死亡当時における賞与以外の普通給与の半年分……に相当する金額

5　個人事業主の場合など

Point　給与などとは異なる取扱い

これまで会社の役員や従業員の場合を念頭に解説してきましたが、個人事業主が死亡した場合はどうでしょうか。

個人事業主の死亡の場合、その死亡時においてその事業に関してすでに発生している債権債務（例えば、未回収の売掛金債権や未払いの仕入債務など）は、原則として相続人に承継されるものと考えられます。

したがって、当該個人事業主に対して債権を有する者は、その個人事業主の相続人に対して請求することができることとなります。

一方、当該個人事業主に対して債務を負っている者は、その相続人に対して債務を履行しなければならないこととなります。

そして、死亡した個人事業主については、その年の１月１日から死亡日までのその者の所得（死亡時点ですでに発生していた債権債務を含む）について、相続人が準確定申告をする必要があります。

また、同時に、死亡時にその事業に関してすでに発生している債権債務は、相続人に承継されるため、債権については相続財産、債務については相続債務として、原則として相続税の課税対象となります。

なお、個人事業主に対して債務を負う者が、死亡後にその相続人に対して債務を履行しなければならない場合、その債務が報酬金などの源泉徴収が必要であるものの場合には、たとえその履行先（支払先）が相続人であったとしても、支払者は源泉徴収をする必要があります。

役員給与・退職金

20 役員給与の損金性

年度途中の減額でそれまでの損金性が否定されることも

1 はじめに

(1) 役員給与の損金性

Point　従業員の給与の取扱いとは異なる

法人が雇用する従業員に対して支給する給与（人件費）は、原則としてすべて損金に算入されます。

ところが、法人の役員、つまり、取締役や監査役など[1)]の役職に従事している者に対する報酬は、法人と委任関係にあるため、従業員と異なる取扱いがなされています。

平成18年度税制改正前においては、役員報酬の支給の恣意性を排除し適正な課税の実現を図るため、役員に対する賞与は損金に算入しない、という形式的な制度がとられていました。もっとも、その制度によれば、賞与を少なくしてその分を役員給与という形で支給するなどして損金を増やすという手法が抜け道として考えられるため、過大な役員報酬・退職給与や過大な特殊関係使用人給与・退職給与は損金に算入しない、という措置が設けられていました。

しかしながら、具体的にどういう場合が過大なのかという点は実務上必ずしも明確ではなく、また、役員賞与はそもそも法人の費用であるという見解や少なくとも利益連動型報酬は損金に算入されるべきであるという見解などの

1）執行役、理事、監事及び清算人のほか、使用人（従業員と同義）以外の者で法人の経営に従事しているもの、同族会社の使用人のうち、一定の同族判定株主グループに属する者で会社の経営に従事しているものが広く含まれます。

もと、商法から会社法に改正される際には役員賞与が取締役の職務執行の対価として位置付けられました。このような背景のもと、平成18年度税制改正により、役員賞与や役員報酬という用語を避け、代わりに役員給与という用語を用い、損金に算入される役員給与として３種類の類型を設けて、その規定に当てはまらないものは損金に算入しない、という制度に改められました[2)]。

⑵　３種類の役員給与

Point　原則、定期同額であり、途中での改定は例外

３種類の役員給与とは、定期同額給与、事前確定届出給与及び利益連動給与であり、概要は以下のとおりです。

①　定期同額給与

Point　支給時期が１か月以下の一定期間ごとで各支給額が同額

定期同額給与とは、支給時期が１か月以下の一定の期間ごとで、かつ、当該事業年度の各支給時期における支給額が同額である給与（または、その他これに準ずる給与）のことです（法人税法34条１項１号）。

例えば、事業年度が４月１日から翌３月31日で、毎月定額（例えば額面50万円）が支給された場合は図表４－１のとおりです。

「その他これに準ずる給与」とは、以下の４つです。

〈図表４－１〉定額同額給与

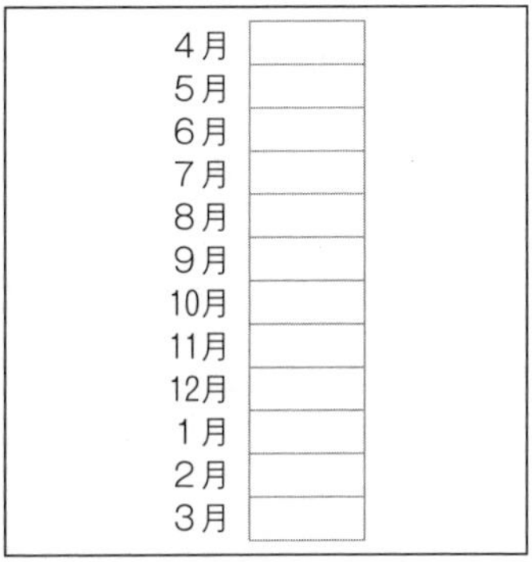

月	
4月	
5月	
6月	
7月	
8月	
9月	
10月	
11月	
12月	
1月	
2月	
3月	

2）金子宏『租税法 第22版』（弘文堂）371-372頁参照。

ア　事業年度開始の日の属する会計期間開始の日から３か月を経過する日までに定期給与の額が改定され、改定以前の各支給時期における支給額及び改定以後の各支給時期における支給額がそれぞれ同額であるもの

例えば、事業年度開始及び会計期間開始の日が４月１日で、６月末までに定期給与の額が改定された場合は図表４－２のとおりです。

〈図表４－２〉定期給与額改定

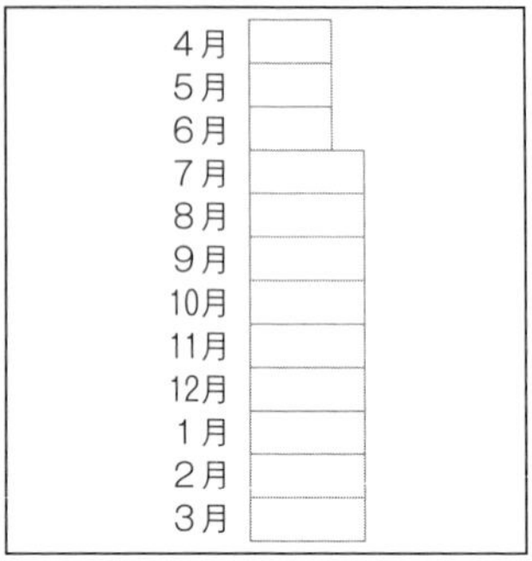

４月
５月
６月
７月
８月
９月
10月
11月
12月
１月
２月
３月

イ　職制上の地位の変更等により定期給与の額が改定され、改定以前の各支給時期における支給額及び改定以後の各支給時期における支給額がそれぞれ同額であるもの

例えば、事業年度が４月１日から翌３月31日で、10月１日から職制上の地位の変更があり、定期給与の額が改定された場合は図表４－３のとおりです。

〈図表４－３〉職制上の地位の変更等による定期給与額改定

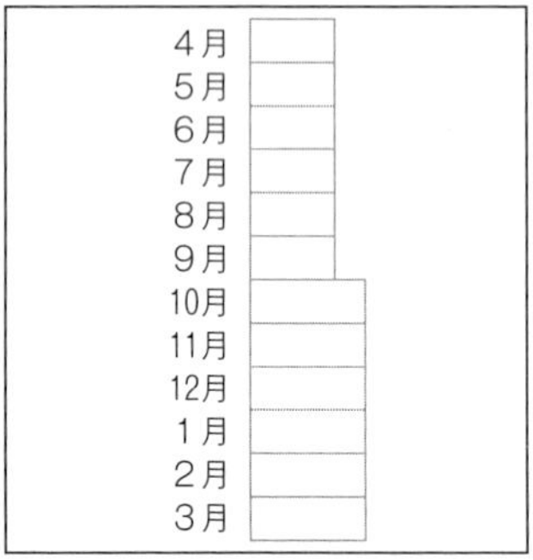

４月
５月
６月
７月
８月
９月
10月
11月
12月
１月
２月
３月

ウ　法人の経営の状況が著しく悪化したことその他これに類する理由により定期給与の額が減額改定され、改定以前の各支給時期における支給額及び改定以後の各支給時期における支給額がそれぞれ同額であるもの

例えば、事業年度が４月１日から翌３月31日で、業績悪化事由により11月からの定期給与が減額改定された場合は図表４－４のとおりです。

〈図表４－４〉業績悪化事由による定期給与減額改定

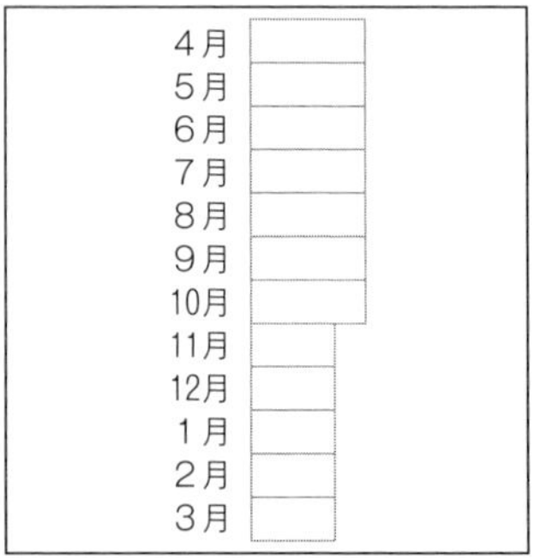

４月
５月
６月
７月
８月
９月
10月
11月
12月
１月
２月
３月

エ　継続的に供与される経済的利益のうち、その供与される利益の額がおおむね一定であるもの

例えば、役員等に対してその居住の用に供する土地または家屋を無償または低い価額で提供した場合における通常取得すべき賃貸料の額と実際徴収した賃貸料の額との差額に相当する金額などをいいます（法基通9－2－9）。

アは、役員給与は原則として株主総会の決議が必要であるところ（会社法361条など）、例えば、4月1日から翌3月31日が事業年度の法人では6月30日までに株主総会が開催され、そこでの決議のもと、支給額が改定されることがありますが、その場合でも定期同額給与に含めるという趣旨です。また、ア及びイは主に増額する場合が想定されていますが、ウは減額する場合が想定されています。ウの具体的なケースについては、裁決例を後述します。

② 事前確定届出給与

Point　所定時期に確定額を支給する旨の定めに基づいて支給する給与で届出必要

役員の職務につき所定の時期に確定額を支給する旨の定めに基づいて支給する給与のことで、届出期限までに所轄税務署長にその定めの内容に関する届出をしているものに限られます（法人税法34条1項2号）。これは従来の役員賞与に相当するものとされています。

③ 利益連動給与

Point　同族会社でない法人が業務執行役員に対して支給する利益連動型給与

同族会社に該当しない法人が業務執行役員（取締役設置会社の代表取締役

等、会社法418条の執行役、これらの役員に準ずる役員）に対して支給する利益連動型給与で、次の２つの要件を満たすものとされています（法人税法34条１項３号）。

ア　算定方法がその事業年度の利益に関する指標（有価証券報告書に記載されているものに限る）を基礎とした客観的なものであって、

　ⅰ　確定額を限度としており、かつ他の業務執行役員に対して支給する利益連動給与に係る算定方法と同様のものであること

　ⅱ　会計期間開始日から３か月経過日までに報酬委員会が決定していることその他これに準ずる適正な手続を経ていること

　ⅲ　その内容がⅱの決定または手続の終了の日以後遅滞なく有価証券報告書に記載されていることその他財務省令で定める方法により開示されていること

イ ⅰ　上記アの利益に関する指標の数値が確定したのち１か月以内に支払われ、または、支払われる見込みであること

　ⅱ　損金経理をしていること

2　裁決例 ～平成23年１月25日裁決[3)]

Point　業績悪化の具体的ケースに対する国税不服審判所の判断が示された

(1)　事案の概要

裁決例の事案の概要は次のとおりです。

納税者は、心身の緊張を緩和するマッサージ等の役務の提供を行うことを主な業務として昭和62年に設立された法人であり、その代表取締役Ａとその母親Ｂがすべての株式を保有していた同族会社でした。

事業年度は毎年８月１日から翌７月31日までであったところ、納税者の経常利益が前年実績を上回ることを業務目標としており、平成20年５月の月次

3）国税不服審判所平成23年１月25日裁決、事例集82集158頁。

損益計算書の経常利益が対前年比で6％減少したことから、同年6月、Aの経営責任を示すとのBの申出に基づいて、Aの役員給与のみを減額し（本件減額）、同年6月及び7月に減額後の給与を支給しました。

〈図表4－5〉事案の給与支給額イメージ

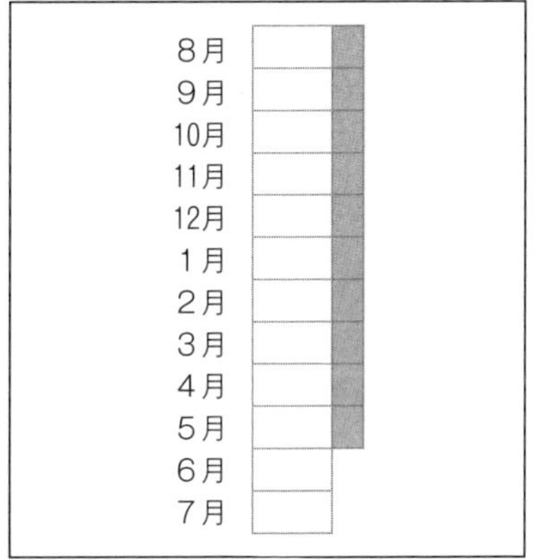

そして、納税者は、減額後の給与を前提とした確定申告をしたところ、所轄税務署長は、本件減額は業績悪化改定事由によるものに該当しないとして、平成19年8月から平成20年5月までの役員給与のうち、各減額分の合計額に相当する金額（**図表4－5**の網掛け部分）の損金算入を否認する更正処分を行いました。

これに対し、納税者は、更正処分を不服として国税不服審判所に審査請求をしました。

(2)　国税不服審判所の裁決

国税不服審判所は、次のとおり、業績悪化改定事由による減額改定に該当しないとの判断を示しました。

すなわち、定期同額給与を損金算入できる取扱いをしているのは「役員給与のように支給される者が支給額を決定できるような性質の経費について、損金算入を安易に認め、結果として法人の税負担の減少を容認することは課税の公平の観点から問題があることなどから、法人税法においては、……損金算入される役員給与の範囲を制限すべく、外形的基準として定期同額給与が定められているのであるが、定期同額給与について、事業年度の中途で給与改定がされた場合であっても、それが業績悪化改定事由によるものである場合には、当該給与改定の前後それぞれの期間における各支給時期の支給額が同額である限り、当該給与改定にはやむを得ない理由があり、し意性はないと考えられるので、役員給与の損金不算入の規定を適用しないことにしたものと解される」ところ、本件減額について、本件事業年度の最終的な売上高がその前６事業年度中最高額であり、経常利益も２番目に高いものであることから、経常利益が対前年比で６％減少したことは著しい悪化というほどのものではないなどとして、業績悪化改定事由に該当しないとし、本件事業年度におけるＡの減額改定後の給与の額を定期同額給与として、これを超える部分の額（図表４-５の網掛け部分）を定期同額給与に該当しないとした更正処分は適法である、と判断しました。

3 まとめ

Point 単なる業績目標値の不達成は該当しない

業績悪化改定事由については、法令では「経営の状況が著しく悪化したことその他これに類する理由」と規定されており、法基通９－２－13では「経営状況が著しく悪化したことなどやむを得ず役員給与を減額せざるを得ない事情があることをいうのであるから、法人の一時的な資金繰りの都合や単に業績目標値に達しなかったことなどはこれに含まれないことに留意する」と規定されています。

これら法令や通達を前提とすれば、経営状況が単に悪化したということではなく、「著しく」悪化したことが要求されていますので、本裁決の前提事案のようなケースでは、結論的に業績悪化改定事由に該当しないと判断されてしまったとしてもやむを得ないものと思われます。

もっとも、そもそも定期同額給与の趣旨が、裁決も示しているように、役員給与の支給の恣意性の排除にあることからすれば、減額改定の場合の問題意識は、改定前の給与額設定に恣意的な要素がないかという点に置かれるべきものであるはずです。そして、役員給与はまさに業務執行の対価ですので、業績目標値に達しなかった場合（そもそも経営状況の悪化と業績目標値の不達成との線引きも必ずしも明確でない）には給与が減額されてしかるべきという取扱いが実務的な感覚としてはむしろ一般的ではないでしょうか（事業年度途中で改定する必要はなく、翌事業年度で改定すればよいということかもしれないが）。

この点、国税庁が平成20年12月に発表した「役員給与に関するＱ＆Ａ」によれば、「財務諸表の数値が相当程度悪化したことや倒産の危機に瀕したことだけではなく、経営状況の悪化に伴い、第三者である利害関係者（株主、債権者、取引先等）との関係上、役員給与の額を減額せざるを得ない事情が生じていれば、これも含まれることになります」と解説されています。このことからすれば、業績目標値の不達成の結果、株主との関係で減額せざるを得ない事情がある場合にはやはり業績悪化改定事由があるという解釈も成り立つ余地はあると思われます。前記通達も「単に業績目標値に達しなかったことなどはこれに含まれない」としていることからも、そのような解釈の余地もなくはないと思われます。

いずれにせよ、役員給与を減額改定する場合においても、諸事情を十分に考慮するとともに説明材料を十分に備えておくことが重要となります。

21 経済的利益としての役員給与

金銭以外の経済的利益も役員給与に

1 はじめに

(1) 役員給与について

Point　3類型の給与であれば損金算入

法人税法34条１項では、法人が役員に対して支給する給与のうち、①定期同額給与、②事前確定届出給与、③利益連動給与――のいずれにも該当しないものの額は、その法人の各事業年度の所得の金額の計算上、損金の額に算入されないこととされています。

逆にいえば、上記①～③のいずれかに該当する役員給与であれば、その給与の額は損金計上ができるということです。ただし、上記①～③のいずれかに該当する役員給与であっても、不相当に高額な部分の金額は、各事業年度の所得の金額の計算上、損金の額に算入されません（法人税法36条）。

なお、上記①～③の各給与の内容については、「20 役員給与の損金性」（128頁）を参照して下さい。

(2) 経済的利益について

Point　通達で12類型にわたり規定

ところで、法人が役員に対して支給する給与には、金銭のほか、現物、債務の免除による利益その他の経済的な利益も含まれるとされています（法人税法34条４項）。

このうち、特に経済的利益に該当するかどうかについて問題となることが少なくありません。

この点、法基通９－２－９では、法人税法34条４項及び36条に規定する「債務の免除による利益その他の経済的な利益」とは、以下に掲げるもののように、「法人がこれらの行為をしたことにより実質的にその役員等（役員及び同条に規定する特殊の関係のある使用人をいう。）に対して給与を支給したと同様の経済的効果をもたらすもの（明らかに株主等の地位に基づいて取得したと認められるもの及び病気見舞、災害見舞等のような純然たる贈与と認められるものを除く。）をいう」とされています。

⑴　役員等に対して物品その他の資産を贈与した場合におけるその資産の価額に相当する金額
⑵　役員等に対して所有資産を低い価額で譲渡した場合におけるその資産の価額と譲渡価額との差額に相当する金額
⑶　役員等から高い価額で資産を買い入れた場合におけるその資産の価額と買入価額との差額に相当する金額
⑷　役員等に対して有する債権を放棄し又は免除した場合（貸倒れに該当する場合を除く。）におけるその放棄し又は免除した債権の額に相当する金額
⑸　役員等から債務を無償で引き受けた場合におけるその引き受けた債務の額に相当する金額
⑹　役員等に対してその居住の用に供する土地又は家屋を無償又は低い価額で提供した場合における通常取得すべき賃貸料の額と実際徴収した賃貸料の額との差額に相当する金額
⑺　役員等に対して金銭を無償又は通常の利率よりも低い利率で貸し付けた場合における通常取得すべき利率により計算した利息の額と実際徴収した利息の額との差額に相当する金額
⑻　役員等に対して無償又は低い対価で⑹及び⑺に掲げるもの以外の用役の提供をした場合における通常その用役の対価として収入すべき金額と実際に収入した対価の額との差額に相当する金額

(9)　役員等に対して機密費、接待費、交際費、旅費等の名義で支給したもののうち、その法人の業務のために使用したことが明らかでないもの
(10)　役員等のために個人的費用を負担した場合におけるその費用の額に相当する金額
(11)　役員等が社交団体等の会員となるため又は会員となっているために要する当該社交団体の入会金、経常会費その他当該社交団体の運営のために要する費用で当該役員等の負担すべきものを法人が負担した場合におけるその負担した費用の額に相当する金額
(12)　法人が役員等を被保険者及び保険金受取人とする生命保険契約を締結してその保険料の額の全部又は一部を負担した場合におけるその負担した保険料の額に相当する金額

Point　定期同額給与といえるためには

さらに、法人が役員に対して支給したものが経済的利益に該当する場合、それらを損金として計上するためには、定期同額給与に該当する必要があります。

この点、法人税法施行令69条１項２号「定期同額給与の範囲等」に規定する「継続的に供与される経済的な利益のうち、その供与される利益の額が毎月おおむね一定であるもの」について、法基通９－２－11では、例えば次に掲げるものはこれに該当するとして、前記の(1)～(12)の各経済的利益の金額に対応する形で規定しています。

①　(1)、(2)又は(8)に掲げる金額でその額が毎月おおむね一定しているもの
②　(6)又は(7)に掲げる金額（その額が毎月著しく変動するものを除く。）
③　(9)に掲げる金額で毎月定額により支給される渡切交際費に係るもの
④　(10)に掲げる金額で毎月負担する住宅の光熱費、家事使用人給料等（その額が毎月著しく変動するものを除く。）
⑤　(11)及び(12)に掲げる金額で経常的に負担するもの

2 経済的利益の具体例

(1) 接待等のためとして支給した金銭

Point 未精算部分は役員給与に

例えば、法人が役員に対し、取引先との接待等に要する費用として毎月30万円を支給することとし、仮に実際に要した費用が30万円を下回ったとしても法人との間で精算しない場合、その毎月30万円はどのように取り扱われるのでしょうか。

この場合、一般には、領収書等により、支払いの時期、支払いの相手方、接待先や贈答先、接待内容や贈答物の内容等が明らかであるものについては、法人との間で精算されれば法人の交際費として取り扱われますが、残余（未使用分）については役員に対する経済的利益として役員給与として取り扱われることとなります。

そして、通常、その未使用分は毎月変動するものと思われますので、毎月おおむね一定しているものとはいえず、基本的に定期同額給与の要件を満たさないと考えられ、役員給与として損金算入することはできません。

(2) 役員が使用する自動車購入費用

Point 使用料が役員給与に

例えば、法人が、役員が使用するために自動車を購入した場合、その自動車の購入費用や自動車保険の保険料などの維持関連費用については、どのように取り扱われるのでしょうか。

まず、役員が業務遂行のために使用する場合には、役員への経済的利益の供与には該当しないと考えられますので、役員給与には該当しないといえます。

これに対し、役員が業務外で使用する場合には、役員への経済的利益の供与に該当するものと考えられますので、役員給与に該当するといえます。そして、このような場合の経済的利益の額については、その資産の利用につき通常支払うべき使用料その他その利用の対価に相当する額であるとされています（所得税法施行令84条の２）。

この点、この使用料の額の算定にあたっては、例えば、購入代価を自動車の法定耐用年数で除した金額に自動車保険の保険料などの維持関連費用を加算することが考えられます。

なお、法人の代表者の妻に使用させる目的で自動車を購入した事案において、その代表者に対する経済的利益に該当するとして役員給与に該当するとされた裁決例があります[4)]。そして、この事例では、自動車の使用料について、自動車の購入価額を基礎として、減価償却資産の法定耐用年数である６年の期間で均等に按分した金額に、自動車保険料のほか、購入の際に締結したローン契約の利息金を加算して算定されています。ただし、自動車税、自動車取得税、自動車重量税及びディーラーへの支払手数料については、継続的に提供を受けるための支出金ではないため、法人がそれらを支出した時点で役員に対する経済的利益の供与があったと認定されています。

⑶　海外渡航旅費

Point　同伴者の旅費は原則役員給与に

例えば、業務のために役員が海外に渡航するための旅費について、配偶者を同伴させた場合のその旅費はどのように取り扱われるのでしょうか。

このような場合、基本的には、役員の旅費については業務遂行のためのものですので、役員への経済的利益とはいえませんが、配偶者の同伴は業務遂行のためとは考えられませんので、役員への経済的利益の供与といえ、役員給与に該当するといえます。また、通常、定期同額給与に該当しないでしょうから、損金計上はできません。

４）国税不服審判所平成24年11月１日裁決、事例集89集208頁。

ただし、次に掲げるような場合のように、明らかに渡航の目的を達成するために必要な同伴と認められるときは、役員への経済的利益の供与とはいえないとされています（法基通９－７－８）。

⑴　その役員が常時補佐を必要とする身体障害者であるため補佐人を同伴する場合
⑵　国際会議への出席等のために配偶者を同伴する必要がある場合
⑶　その旅行の目的を遂行するため外国語に堪能な者又は高度の専門的知識を有する者を必要とするような場合に、適任者が法人の使用人〔筆者注：従業員〕のうちにいないためその役員の親族又は臨時に委嘱した者を同伴するとき

3　最後に

Point　源泉所得税の徴収も忘れずに

役員に対する経済的利益の供与であるとして役員給与とされた場合、法人においては、定期同額給与として損金計上できるかどうかという問題のほかに、役員個人の給与所得に対する源泉所得税の徴収義務を負うことにもなりますので、注意が必要です。

22 役員退職金にまつわる税務処理

退職金名目であっても損金算入されない場合が

1 役員に対する退職金の税務上の取扱い

⑴ 法人税法上の取扱い

Point 不相当に高額な部分は損金不算入

退職した役員に支給する退職給与は、原則として、損金に算入されます。

しかしながら、以下の①や②の場合の金額は損金に算入されません（法人税法34条１項本文括弧内、２項）。

① 不相当に高額な部分の額

退職した役員に対して支給された退職給与の額が、当該役員のその法人の業務に従事した期間、その退職の事情、その法人と同種の事業を営む法人でその事業規模が類似するものの役員に対する退職給与の支給の状況等に照らし、その退職した役員に対する退職給与として相当であると認められる金額を超える場合におけるその超える部分の金額は、損金不算入とされます（法人税法施行令70条２号）。

このうち、「その法人と同種の事業を営む法人でその事業規模が類似するものの役員に対する退職給与の支給の状況等」との比較については、主に、次のア～ウの判定方法が利用されています。

ア　平均功績倍率法

最終報酬月額　×　勤続年数　×　平均功績倍率　＝　適正額

イ　最高値功績倍率法

最終報酬月額　×　勤続年数　×　最高値功績倍率　＝　適正額

ウ　１年当たり平均額法

１年当たりの退職給与平均額　×　勤続年数　＝　適正額

まず、ア・イとウとの違いは、最終報酬月額を計算の基礎とするかしないか、です。

アとイは、ともに、当該役員の最終報酬月額に勤続年数を乗じた金額（Ⓐ）に功績倍率（比較法人の退職給与がⒶの金額の何倍に当たるかというその倍率）を乗じて算出する方法ですが、このうち平均功績倍率法（ア）は、類似法人の功績倍率の平均値を用いる方法であり、他方の最高値功績倍率法（イ）は、類似法人の功績倍率の最高値を用いる方法とされています。

一方、ウは、比較法人において退職した役員の１年当たりの平均退職給与の額に当該役員の勤続年数を乗じて算出する方法とされています。

いずれの方法にも一定の合理性があり、不相当に高額かどうかの判定基準となっていますが、この基準のみならず、個別具体的に当該役員の当該法人に対する貢献度その他の特殊事情を考慮すべき場合もあります[5)]。

また、特殊関係使用人に支給される退職給与についても、不相当に高額な部分の金額については損金不算入とされています（法人税法36条）。この特殊関係使用人とは、以下の者をいいます（法人税法施行令72条）。

・　役員の親族
・　役員と事実上婚姻関係と同様の関係にある者
・　役員から生計の支援を受けている者
・　上記に掲げる者と生計を一にするこれらの者の親族

②　事実を隠蔽し、または仮装して経理をすることにより支給する額

法人が、事実を隠蔽し、または、仮装して経理をすることによりその役員に対して支給する退職給与の額は、損金に算入されません（法人税法34条３項）。

5）金子宏、前掲書377頁参照。

⑵　所得税法上の取扱い

Point　原則従業員に対する取扱いと同様

まず、役員に対する退職給与の退職所得の金額は、原則として、従業員同様、次の算式により計算されます。

■　退職所得の計算式

(収入金額－退職所得控除額)×１／２＝退職所得の金額

そして、退職所得控除額は図表４-６のとおりとなっています。

〈図表４-６〉勤続年数と退職所得控除額

勤続年数	退職所得控除額
20年以下の場合	40万円 × 勤続年数 （ただし、その額が80万円未満のときは80万円）
20年を超える場合	800万円＋70万円 ×（勤続年数－20年）

上記が原則的な退職所得の計算方法ですが、退職所得控除額の計算及び勤続年数の計算については、それぞれ例外（特例）が設けられています（詳細は、第３章「15 退職所得とは」（98頁）参照)。

ところで、一般的に、短期間勤務の結果支給される退職金については、退職所得控除により課税が生じることは少ないと考えられますが、２分の１課税を前提に、短期間のみ在職することが当初から予定されている法人役員等が、給与の受取りを繰り延べて高額な退職金を受け取ることにより、税負担を回避するといった事例が指摘されていました。これに対し、平成24年度税制改正により、勤続年数が５年以下である法人役員等がその勤続年数に対応するものとして支払いを受ける退職給与（特定役員退職手当等）について、その退職所得の金額は、退職給与金額から退職所得控除額を控除した金額とされ、いわゆる２分の１課税の緩和措置は適用されなくなりました。

なお、ここでいう法人役員等とは、法人税法２条15号に規定する役員（取締役、執行役、会計参与、監査役、理事、監事及び清算人のほか、いわゆるみなし役員[6)]）、国会議員、地方議会議員、国家及び地方公務員などとされています。

この改正は、平成25年分以降の所得税に適用され、個人住民税については平成25年１月１日以降に支払われるべき退職手当等について適用されます。

2 職務変更等の場合の退職金

(1) はじめに

Point 実質的に退職したと同様の事情

役員に対する退職金は、典型的には役員が退職した際に支給されるのが一般的です。しかし、例えば、常勤役員から非常勤役員になった場合など、職務内容が大幅に変更され､「実質的に退職したと同様の事情」があると認められる場合に支給された退職金についても、退職給与として取り扱うこととされています。

この点、法基通９－２－32は次のとおり定めています。

> 法人が役員の分掌変更又は改選による再任等に際しその役員に対し退職給与として支給した給与については、その支給が、例えば次に掲げるような事実があったことによるものであるなど、その分掌変更等によりその役員としての地位又は職務の内容が激変し、実質的に退職したと同

6）法人の使用人以外の者でその法人の経営に従事しているもの、同族会社の使用人のうち、一定の持株要件を満たしている者で、その会社の経営に従事しているもの。

様の事情にあると認められることによるものである場合には、これを退職給与として取り扱うことができる。

⑴　常勤役員が非常勤役員（常時勤務していないものであっても代表権を有する者及び代表権は有しないが実質的にその法人の経営上主要な地位を占めていると認められる者を除く。）になったこと。

⑵　取締役が監査役（監査役でありながら実質的にその法人の経営上主要な地位を占めていると認められる者及びその法人の株主等で令〔筆者注：法人税法施行令〕第71条第１項第５号《使用人兼務役員とされない役員》に掲げる要件の全てを満たしている者[7)]を除く。）になったこと。

⑶　分掌変更等の後におけるその役員（その分掌変更等の後においてもその法人の経営上主要な地位を占めていると認められる者を除く。）の給与が激減（おおむね50％以上の減少）したこと。

㈱　本文の「退職給与として支給した給与」には、原則として、法人が未払金等に計上した場合の当該未払金等の額は含まれない。

したがって、取締役が監査役になった場合や、常勤役員が非常勤役員になった場合などに支給される退職金も、退職給与として扱われ、損金算入が可能ということとなります。

ただし、代表権を有する者であったり、代表権は有しないものの実質的にその法人の経営上主要な地位を占めていると認められる者である場合には、仮に名目が非常勤役員や監査役になったとしても、退職給与としては扱われない、ということとなります。

7）代表取締役、代表執行役、代表理事及び清算人、副社長、専務、常務その他これらに準ずる職制上の地位を有する役員など。

(2) 監査役から取締役になった場合

Point 損金算入は不可

それでは、逆に、監査役から取締役になった場合に退職金が支給された場合、それは法人税法上、退職給与として損金算入が可能でしょうか。

この場合、一般には、退職給与として損金算入することはできないとされています。これは、取締役が監査役になるのはグレードが下がるが、その逆はグレードが上がるためであるといわれています。もっとも、取締役と監査役とはその職務内容が異なるものであり、上下の関係にあるとはいえないと思いますので[8)]、結局は、その前後の職務内容の変化を踏まえ、実質的に退職したと同様の事情があるかどうかを個別具体的に判断すべきものと考えます。

(3) 無報酬の役員が退職する場合

Point 会社に対する功績の有無次第

次に、無報酬で勤めていた役員が退職する場合は、どうでしょうか。

この点、役員退職金は、一般に退職した役員の功労に対する対価の支払い、あるいは報酬の後払いの性質を有するものであるため、退職する役員の在任中、会社に対して功績があったか、あるいは、何らかの役務提供があった場合には、その退職金は退職給与として扱われ、損金算入が可能と思われます。

しかし、何らの職務も執行していない名目的な役員の場合には、退職金を支給する理由はないと考えられますので、この場合に支給した退職金は会社から役員に対する贈与として寄附金（役員にとっては一時所得）と認定される可能性があります。

8）森田政夫・西尾宇一郎『問答式 法人税事例選集（平成29年10月改訂）』（清文社）582頁参照。

また、退職金を支給する理由があっても、このようなケースでは不相当に高額であるかどうかも問題となりやすいでしょう。

この点、前記1⑴①のア～ウの判定基準のうち、アとイは、最終報酬月額が0円であるため比較対象とすべき金額も0円となってしまい、参考にならないため、ウの基準を用いるのが妥当ということになるでしょう[9)]。

3　みなし役員に対する退職金

⑴　みなし役員とは

Point　会社法上の役員に限られない

法人税法上の役員の範囲は、会社法上の役員よりも広く、「取締役・執行役・監査役・理事・監事および清算人」のほかに、「従業員以外の者で法人の経営に従事しているもの」、ならびに、同族会社の従業員のうち、一定の同族判定株主グループに属する者で、「会社の経営に従事しているもの」を、広く含むこととされており（法人税法2条15号、同施行令7条）、形式的には役員ではなくても法人の経営に従事していると認められる者は「みなし役員」とされ、法人税法上は役員と同様の取扱いを受けることとなります。

⑵　取締役からみなし役員になった場合の退職金

Point　損金算入されず

例えば、取締役を退任したが、その後も引き続き相談役などとして会社の経営に関与している場合には、会社法上の役員としては退任したものの、なお法人税法上のみなし役員とされますので、職務の内容にも大きな変動がな

9）伊東博之・木村直人『Q＆A 特殊な役員の給与・退職金をめぐる税務‐非常勤役員・みなし役員・出向役員等‐』（新日本法規出版）95‐98頁参照。

いということであれば、そもそも退職の事実が認められないということとなります。

したがって、そのような場合に仮に取締役を退任したという形をとって退職金を支給したとしても、退職給与とは認められないこととなります。

もっとも、取締役に対する給与として取り扱われる余地はありますので、定期同額給与、事前確定届出給与または利益連動給与（「20 役員給与の損金性」(128頁）参照）に該当すれば、損金算入が可能となる場合があるでしょう。

(3)　みなし役員から取締役になった場合の退職金

Point　雇用関係から委任関係へ

では、逆に、みなし役員から会社法上の取締役となった場合はどうでしょうか。

この場合、法人税法上はいずれも役員として取り扱われるため、退職給与としては認められないとも考えられます。

しかしながら、みなし役員は、会社法上は従業員という地位にあり、会社とは雇用関係にあるところ、今度は会社と委任関係にある役員になったということとなります。

したがって、従業員時代にみなし役員になった時点でそれ以前に係る退職給与を支給していないのであれば、みなし役員であった従業員時代も含めて、従業員期間の職務遂行に関して支給された退職給与として損金算入が認められると考えて差し支えないと思われます[10)]。

なお、従業員が役員となった場合に支給される退職給与は、その支給した日の属する事業年度に損金算入することとされています（法基通９－２－36）。

10）大阪高裁昭和54年２月28日判決、税資104号520頁。

4 裁判例・裁決例の紹介

以下、過去の裁判・裁決例を示し、どのような場合が問題とされているかを紹介します。

(1) 京都地裁平成18年２月10日判決[11)]

● 事案の概要

Point 代表取締役が退職し取締役に就任、創業者（取締役）は監査役に就任

創業昭和38年の染色業を営む株式会社（Ａ社、同族会社）において、創業者Ｂは平成３年まで代表取締役で、以降、取締役の地位にあり、Ｂの子Ｃは平成３年に代表取締役に就任しました。

ところが、折からの不況により業績が悪化したため、Ａ社は平成13年11月までに従業員全員を解雇し工場も閉鎖するなど事業を縮小し、新たな事業に転換することを企図しました。そして平成14年３月31日、旧経営陣たるＢ及びＣも会社整理の一環として退職することとしましたが（Ｃに代わってその妻Ｄが代表取締役に就任した)、名目上、翌４月１日付でＣが取締役、Ｂが監査役へと就任し、報酬（月額）もＣが95万円から45万円に、Ｂが20万から８万円にそれぞれ減額しました。

そして、Ａ社は、この際、退職慰労金として、Ｃに4000万円、Ｂに1560万円を支給したため、それらをＡ社の所得計算上損金に算入しました。

これに対し、課税庁は、Ｂ及びＣはいずれも退職した事実はなく、また、実質的に退職したと同様の事情にあるとも認められないとして、損金算入を否認し、合計で3000万円を超える額の各種課税処分を行いました。

11）京都地裁平成18年２月10日判決、税資256号順号10309。

● 裁判所の判断

Point 退職した事実はもちろん実質的に退職したと同様の事情にあるとも認められない

A社は業績が悪化し従業員を解雇するなどしており、その業務の実態は大きく変わっているといえるが、事業自体は継続していること、その主要な取引先との実質的な対応は引き続きCが行い常勤していたこと、報酬の減額についても、確かに95万円から45万円と半額以下になっているものの、Cに代わって代表取締役に就任したDの報酬は20万円から45万円に増額されており、両者の報酬額を併せると90万円となり以前と大差なく、Cが引き続きA社の重要な業務を担当していることを考慮すれば、Cには、退職した事実はもちろんのこと、実質的に退職したと同様の事情にあるとも認められない、と認定しました。

また、Bについても、監査役になる以前は、従来から懇意にしていた一、二の取引先に顔を出す程度であったものが、監査役になって以降は取引先に顔を出すこともなくなったが、業務への関与という点で変化とみることはできないとして、Cと同じく、退職した事実はもちろんのこと、実質的に退職したと同様の事情にあるとも認められないと認定し、課税庁の課税処分はいずれも正当であると判断しました。

(2) 京都地裁平成23年4月14日判決[12)]

● 事案の概要

Point 学校法人の理事長兼校長が校長を辞したものの引き続き理事長の地位に

学校法人AはX校とY校を運営しており、Aの理事長で、かつ、X校の校

12) 京都地裁平成23年4月14日判決、税資261号順号11669。

長であったＢがＸ校の校長を辞したとして退職金３億2000万円（本件金員）を支給し、Ａは退職所得であるとして源泉所得税として約5000万円を納付しました。

これに対し、課税庁は、Ｂは引き続きＡの理事長の地位に就いており、ＢがＡを退職したという事実は認められず、本件金員は賞与たる給与所得に当たるとして、給与所得の場合の源泉税額との差額約5000万円の納付を命ずる課税処分を行いました。

● 裁判所の判断

Point 退職と同視し得る特別の事実関係があったとして課税庁の課税処分を取り消す

校長を辞する前後のＢの業務を詳細に認定した上で、校長としての主な業務は、入学・編入学の審査及び許可、休学・退学の許可、優秀者などへの表彰、学生に対する指導及び懲戒処分、校舎設備等の利用方法や授業態度などについての注意喚起の告示、卒業認定及び証書の授与などであったのに対し、校長を辞した後はこのような業務を行っていないこと、月額給与も160万円から70万円と約56％の減額となっていること、理事長職の継続については、理事会は必要に応じて開催されるもので勤務形態としては非常勤であり、校長を辞する前のＢの業務の大半が校長としての職務であり、理事長としての職務の負担はそれほど大きくなかったことから、理事長としての地位を継続しているものの、退職と同視し得る特別の事実関係があったとして、課税庁の課税処分を取り消しました。

● コメント

Point 同族会社の場合は慎重に

過去の裁判例をみても分かるように、分掌変更等の場合の退職金が税法上も退職給与として取り扱われるためには、単にその名目が常勤から非常勤へ変更されたことや報酬が50％以上減額されたといった形式的な要素だけでは足りず、実質的な観点から、その職務の内容や役員としての地位が激変し、実質的に退職したと同様の事情にあると認められることが必要となります。

特に同族会社などの場合には、オーナーや役員の会社に対する支配が比較的強いため、引き続き業務に関与する場合には慎重な判断が求められます。

⑶　平成26年12月１日裁決[13)]

●　事案の概要

Point　退職金受領後も園長として出勤・給与受領から退職金を給与所得として課税

幼稚園を設置運営する学校法人の理事長兼幼稚園の園長であるXが、平成24年３月31日に退職したとして学校法人から退職金を受領したため、退職所得として申告したのに対し、課税庁が、Xは平成24年４月１日以降も園長として出勤し、学校法人から給与を受領していることからすれば、学校法人との勤務関係は終了していないなどとして、前記退職金は退職所得に該当せず給与所得に該当する旨の課税処分を行いました。

そこで、Xは、この課税処分は違法であるとしてその取消しを求めたものです。

●　国税不服審判所の判断

まず、国税不服審判所は、次のとおり、主な事実を認定しました。

①　学校法人の就業規則によれば定年は60歳とされており、Xについては平成22年３月末で定年を迎えるはずであったが、後任の園長の引き受け手がなく、また、周年記念式典が予定されていたところ式典の前に園長が変わるのもどうかということで、Xについて２年間定年が延長された。

13）国税不服審判所平成26年12月１日裁決、事例集97集135頁。

② Xは、ある職員（A）に後任の園長になってもらうべく、平成22年4月より副園長の役職を設置し、Aを副園長とした。

③ 周年式典も終了し、平成24年2月の理事会でXの園長退職が承認されたが､副園長であったAが園長は重責であるとしてその就任を固辞した。結局、Aは、肩書は副園長のままにして園長に代わって教務の責任者となることを承諾した。そのため、平成24年3月31日をもってAを副園長としたまま、Xはやむを得ず園長の役職に再雇用という形で就いた。

④ 平成24年4月以降、Xは、行事における園長としての挨拶、園だよりの挨拶文の作成などを行っているものの、Aが、事実上幼稚園の主要な職務のほとんどを担っていた。

⑤ Xの再雇用後の雇用契約は、1年ごとの更新となり、また、勤務時間も週40時間から週30時間に減少された[14)]。

そして、以上のような事実認定のもと、Xと学校法人との勤務関係は、平成24年3月31日を境にして、その性質、内容及び労働条件等に重大な変動があって、形式的には継続している勤務関係が実質的には単なる従前の勤務関係の延長とみることができない特別の事実関係があると認められ、また、従前の継続的な勤務に対する報償ないしその間の労務の対価の一部の後払いの性質を有しており、一時金として支払われていることからすると、本件の退職金は退職所得に当たると判断し、課税処分を取り消しました。

なお、課税庁は、Xが学校法人の理事長という立場にもあり、退職後も引き続き理事長の地位にあった点も主張していましたが、理事長としての職務の割合は園長の職務に比べてごくわずかなものであるとして、課税庁の主張を排斥しています。

14) 賃金の減額幅は裁決では具体的に認定されているが、出典では不明である。

● コメント

Point 職務の内容の変動の程度を立証できるかどうかが鍵となる

本件では、退職後も引き続き園長という肩書のままであったために課税処分を受けたものですが、その肩書が真に単なる肩書にとどまり、実質的には退職の前後でその職務の内容が大きく変わっているとして、退職所得であると認定されました。

退職所得かどうかの判断は、職務の内容の変動の程度に関わるところなのですが、ひとたび争いになると、それを立証できるかどうかが鍵となります。特に本件では、肩書が園長のままという点は退職所得を否定する方向の事情といえ、肩書が園長のままであったことの合理的理由の有無も問題とされました。

Point 日々の出来事をスケジュール帳に記載することなどは非常に有効

この点、Xのスケジュール帳には、X自身や幼稚園のスケジュールのほか、その日の天候を含めた日々の保育や運営において生じた様々な出来事や問題点、会議や講演等に参加して得た情報等が具体的かつ詳細に記載されており、また、「Aに園長になってもらいたい旨相談、個人的にも色々あるのでやはり無理とのこと……先生たちの指導や幼保小の会議など実質的には園長のかわりをしても名前は副園長のままとすることになった。」というような記載もされていたということです。裁決においてもこのスケジュール帳が事実認定の大きな論拠になったと思われます。

したがって、日々の出来事をその都度スケジュール帳に記載することなどは、税務の問題に限らないでしょうが、非常に有効であろうと思われます。

23 役員退職金の損金算入時期

分掌変更に伴う分割支給で損金算入認める判断示される

1 役員退職金の損金算入時期

(1) はじめに

Point 具体的に確定した事業年度で算入

法人税法上、役員に対して支給される給与のうち、退職した役員に対する退職給与は、法人の所得の計算上損金の額に算入されます（法人税法34条１項括弧内参照）。

そして、この退職した役員に対する退職給与の額の損金算入の時期は、「株主総会の決議等によりその額が具体的に確定した日の属する事業年度」とされています。ただし、「法人がその退職給与の額を支払った日の属する事業年度においてその支払った額につき損金経理をした場合には、これを認める」とされています（法基通９－２－28）。

この通達の前段の「株主総会の決議等」とは、株主総会のほか、社員総会その他これに準ずるものの決議またはその委任を受けた取締役会の決議をいいます。

なお、但書の趣旨は、例えば事業年度途中において、役員が病気等により退職した場合で、予め定められていた退職給与規程等に基づき算定された退職給与を支払ったが、それに関する株主総会の決議等が翌期になったというような場合や、また反対に、株主総会の決議等によって退職給与が決まったとしても、会社の資金繰り上の理由により支払いが翌期になることも想定されますが、このようなケースにおいて、退職給与の支払時の損金算入を認めないとすることは相当ではないという点にあります[15)]。

(2) 分割払いの場合

Point　退職年金との区別に要注意

役員退職給与について、例えば、法人の創業者で多大な貢献を有する者に対する退職給与につき１億円を支給する旨の株主総会決議がなされたものの、資金的にそれを一時に支給することが困難であるため、10年間の年賦で分割支給するとした場合、損金算入時期はどのように考えるのでしょうか。

この点、前掲の法基通９－２－28の後段により、役員退職給与を支払った事業年度においてその支払った金額を損金経理した場合に損金算入することが認められていますので、10年間で１年間につき1000万円ずつ支払う度に、損金経理をすれば、その都度損金算入することは認められます。

もっとも、このような分割支給について留意すべきは、退職年金との区別です。なぜなら、退職年金は、所得税法上、退職所得ではなく雑所得とされており、退職所得控除の適用がないためです。

退職一時金であるのか、退職年金であるのかは、基本的には、その法人における制度、つまり、役員退職給与規程に基づく支給であるのか、役員退職年金規程に基づく支給であるのか、によって区別されるのが一般的です。

なお、役員退職年金は、当該年金を支給すべきときの損金の額に算入すべきものですので、当該退職した役員に係る年金の総額を計算して未払金等に計上した場合においても、退職の際に退職給与引当金勘定の金額を取り崩しているといないとにかかわらず、当該未払金等に相当する金額を損金の額に算入することはできません（法基通９－２－29）。

15）小原一博 編著『法人税基本通達逐条解説 八訂版』（税務研究会出版局）765-766頁参照。

(3) 死亡退職の場合

Point 確定しているか、支払っているか

例えば、ある事業年度終了の日の直前に死亡した役員に対する退職給与については、株主総会の決議等によってその退職給与の金額が具体的に確定しているか、その退職給与をその事業年度終了までに支払っていない限り、その事業年度において損金の額に算入することはできません。

2 裁判例 ～東京地裁平成27年２月26日判決[16)]

(1) 事案の概要

Ｘ社は、創業者である甲が平成19年８月31日にＸ社の代表取締役を辞任して非常勤取締役になったことに伴い、甲に対する退職慰労金として２億5000万円を支給することを決定しました。

もっとも、Ｘ社は、資金繰り上の理由から、上記退職慰労金を一時に支払わず分割して支払うこととし、まず、平成19年８月31日、その一部である7500万円を甲に支払い、その分について、平成19年８月31日を期末とする事業年度の法人税につき損金算入するとともに源泉所得税を納付しました。

次いで、Ｘ社は、平成20年８月29日、その一部である１億2500万円（以下、この１億2500万円を「本件第二金員」という）を甲に支払い、その分について、平成20年８月31日を期末とする事業年度の法人税につき損金算入するとともに源泉所得税を納付しました。

これに対し、課税庁は、本件第二金員は、退職給与に該当せず損金の額に算入できないとして、法人税更正処分等を行ったというものです。

16）東京地裁平成27年２月26日判決、税資265号順号12613。

(2)　役員の分掌変更等の場合の退職給与の取扱い

Point　実質的に退職したと同様の事情にあるか

ところで、本件で問題となっている甲の退職給与は、代表取締役から非常勤取締役となったことに伴って支給されているところ、完全に退職した場合の退職金ではなく、いわゆる分掌変更に伴う退職金です。

本件では、この分掌変更に伴う退職金が税務上の退職給与として扱われるという点での争いは特にありませんでしたが、この点で重要なことは、実質的に退職したと同様の事情にあるか否かです（「22 役員退職金にまつわる税務処理」（142頁）参照）。

(3)　争点

Point　分掌変更の場合も通達後段の適用あるか

本件での主な争点は、分掌変更に伴う退職慰労金として株主総会で決議された2億5000万円について、分割払いとされ、その決議された事業年度の翌事業年度で支払われた本件第二金員の損金算入が認められるか否か、ということです。

この点、課税庁は、前記法基通9－2－28の後段、つまり、「法人がその退職給与の額を支払った日の属する事業年度においてその支払った額につき損金経理をした場合には、これを認める」という規定は、完全に退職した場合にのみ適用されるものであって、分掌変更に伴う退職給与については適用されないと主張しました。

(4) 裁判所の判断

Point 通達後段は完全退職に限られず

裁判所は、法基通９－２－28の後段の規定について、企業においては、資金繰りの観点から退職給与を複数年度にわたって分割支給することがあること、その場合、分割支給する都度、その金額を当該事業年度における退職給与として損金経理するという取扱いをしている中小企業も少なくないことなどから、支給年度に損金経理を行う会計処理は確立した会計慣行といえ、完全に退職した場合にのみ適用されるというものではなく、分掌変更に伴う退職給与の場合にも適用されるとして、課税庁の主張を排斥しました。

3 まとめ

Point 今後の実務の参考に

この裁判例により、法基通９－２－28の支給年度の損金経理については、分掌変更に伴う退職給与にも適用されることが明らかにされたといえ、今後の実務の参考になると思われます。

24 出向役員等に対する退職金の取扱い

合理的理由なければ寄附金とされる場合も

1 出向役員に対する退職金

(1) はじめに

Point 二重の法律関係が問題に

出向とは、一般に、ある法人における従業員ないし役員としての地位を保持したまま、別の法人においてその労務ないし役職に従事する制度をいうとされています。

つまり、出向者は、出向元法人との間で雇用関係ないし委任関係を維持したまま（一般に休職として扱われる場合が多い）、出向先法人との間でも雇用関係ないし委任関係をもつこととなります（図表4－7参照）。

〈図表4－7〉出向者の法律関係

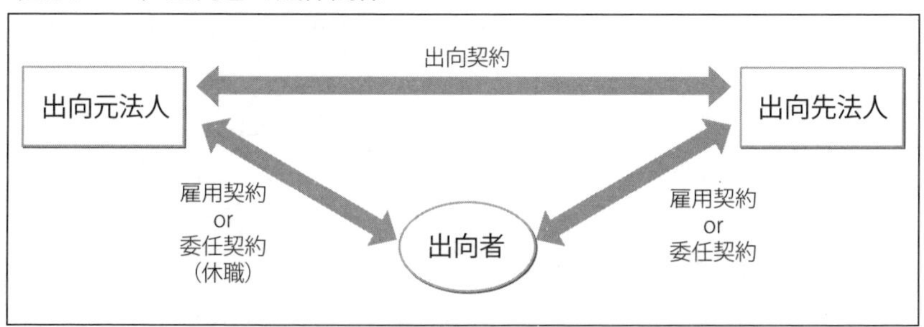

ところで、出向役員については、出向者が出向元法人及び出向先法人において雇用関係（出向元法人では従業員であった者が役員として出向先法人に出向する場合などがある）または委任関係が二重になっている関係上、出向役員に対する退職金について、その負担及び支出を出向元法人と出向先法人のどちらで行うべきか、が問題となります。

⑵　基本的な考え方

Point　在職期間等に応じて合理的に負担すべき

「22 役員退職金にまつわる税務処理」（142頁）でも解説しましたが、法人税法上、退職した役員に支給する退職金は、不相当に高額な部分の額などを除いて、損金に算入されます。

では、出向役員への退職金は、出向元法人及び出向先法人においてどのように損金として算入されるのでしょうか。

前述のとおり、出向は、出向元法人との間で雇用関係ないし委任関係が存続しますので、出向時点で退職金が支払われることはなく、出向元法人を退職した時点で出向元法人から出向者に対して退職金が支給されるのが一般的です。そして、その退職金の計算については、出向元法人の退職金規程等に基づき、当該出向者が出向元法人に入社してから、出向期間を経て、出向元法人を退職するまでの期間を在職期間として計算されるのが一般的だと思われます。

そうしますと、一般に、出向役員の退職金は、出向元法人と出向先法人がそれぞれの在職期間等に応じて合理的に負担すべきものといえるでしょう。したがって、出向元法人及び出向先法人において、それぞれが負担すべき合理的な金額が損金に算入されることとなります。

このように考えれば、一方の法人が本来は他方の法人が負担すべき退職金を負担した場合には、その負担した金額につき合理的な理由がある場合を除いて、その負担額は他方の法人に対する贈与（寄附）として取り扱われるものと思われます。

(3)　類型別検討

Point　あらゆるケースが考えられる

ところで、出向者に対する退職金の負担及び支出については、次の類型が考えられます。

①　退職金の負担を出向元法人と出向先法人とが分担する場合

この場合、出向先法人が負担すべき金額の出向元法人への支出形態として、次の３つが考えられます。

ア　出向期間中に定期的に支出する場合

イ　出向者が出向元法人を退職する際に支出する場合

ウ　出向者が出向元法人に復帰する際に支出する場合

②　退職金の負担を出向元法人が全額負担する場合

以下、それぞれの類型について解説します。

①　退職金の負担を出向元法人と出向先法人とが分担する場合

ア　出向期間中に定期的に支出する場合

出向先法人が、出向者に対して出向元法人が支給すべき退職金の額に充てるため、予め定めた負担区分に基づき、当該出向者の出向期間に対応する退職金の額として合理的に計算された金額を定期的に出向元法人に支出している場合には、その支出する金額は、その支出する日の属する事業年度の損金に算入することとされています。また、たとえ当該出向者が出向先法人において役員となっているときであっても、同様にその支出する日の属する事業年度の損金に算入することとされています（法基通９－２－48）。

まず、負担区分が予め定められていなければなりませんので、法人間の出向契約書などでその負担に関する取り決めが必要となります。そして、毎月や事業年度ごとというように定期的に支出することが必要です。

次に、合理的に計算された金額については次のような考え方があります[17)]。

① 出向期間中の退職金要支給額の増加額分を出向先法人が負担し、残余を出向元法人が負担する方法

このうち増加額分の計算方法としては、出向元法人の退職金規程に基づいて計算する方法と、出向先法人の退職金規程に基づいて計算する方法があります。

② 退職金の総額を出向元法人と出向先法人との在職期間によって按分計算する方法

イ　出向者が出向元法人を退職する際に支出する場合

出向者が出向元法人を退職した場合において、出向先法人がその退職した出向者に対して出向元法人が支給する退職金の額のうち、出向期間に係る部分の金額を出向元法人に支出したときは、その支出した金額は、その支出をした日の属する事業年度の損金の額に算入されます。また、たとえ、その出向者が出向先法人において引き続き役員または従業員として勤務するときであっても、同様にその支出する日の属する事業年度の損金に算入することとされています（法基通９－２－49）。

ウ　出向者が出向元法人に復帰する際に支出する場合

この場合についても、出向先法人がその出向期間に係る部分の金額を支出した日の属する事業年度の損金の額に算入されるものと思われます。

②　退職金の負担を出向元法人が全額負担する場合

前述のとおり、出向役員の退職金は、出向元法人と出向先法人がそれぞれの在職期間等に応じて合理的に負担すべきものですので、出向先法人が退職金の一部を負担しない場合には、その負担しなかった部分に相当する金額は出向元法人から出向先法人への贈与（寄附）があったものとされるのが原則です。

17）伊東博之・木村直人、前掲書213頁参照。

もっとも、その出向期間に対応する部分の金額の全部または一部を負担しない場合においても、その負担しないことにつき相当な理由があるときは、税務上もこれを認めるものとされており（法基通９－２－50)、その場合は出向元法人から出向先法人への贈与（寄附）があったものとして取り扱われないこととなります。

ここでいう「相当な理由」については、出向元法人と出向先法人との関係、出向に至る事情や出向目的、出向期間、出向者の地位や身分などを総合考慮することになります。

2　執行役員に対する退職金

(1)　執行役員

Point　重要な従業員という位置付け

執行役員は、特定の事業部門などの長として実際の業務執行に対する責任と権限をもつ幹部社員などと定義されています。この執行役員の制度は、多くなりすぎた取締役の数を減らし、取締役会の本来の機能や業務である業務執行に関する意思決定を迅速化することを目的としたもので、平成９年にソニーが導入したのが最初といわれています。最近では多くの企業がこの執行役員制度を採用しています。

もっとも執行役員は、会社法上は役員とはされておらず、「重要な使用人〔著者注：従業員〕」（会社法362条４項３号）に位置付けられています。

(2)　執行役員に対する退職金の取扱い

Point　従前の勤務関係の延長かどうか

執行役員は、会社法上は役員ではなく重要な使用人（従業員）とされているため、執行役員を退職した場合には、従業員に対する退職金として損金に計上されることとなり、受領した執行役員は退職所得として申告することとなります。

もっとも、執行役員がいわゆる「みなし役員」(「22 役員退職金にまつわる税務処理」(142頁) 参照) に該当する場合も考えられますので、その場合には不相当に高額な部分などについては損金不算入とされます。

ところで、従業員から執行役員に就任する際などに退職金を支給した場合には、どのように処理されるのでしょうか。

この点、所基通30－2の2は、次のとおり規定しています。

> 使用人（職制上使用人としての地位のみを有する者に限る。）からいわゆる執行役員に就任した者に対しその就任前の勤続期間に係る退職手当等として一時に支払われる給与（当該給与が支払われた後に支払われる退職手当等の計算上当該給与の計算の基礎となった勤続期間を一切加味しない条件の下に支払われるものに限る。）のうち、例えば、次のいずれにも該当する執行役員制度の下で支払われるものは、退職手当等に該当する。
>
> ⑴　執行役員との契約は、委任契約又はこれに類するもの（雇用契約又はこれに類するものは含まない。）であり、かつ、執行役員退任後の使用人としての再雇用が保障されているものではないこと
>
> ⑵　執行役員に対する報酬、福利厚生、服務規律等は役員に準じたものであり、執行役員は、その任務に反する行為又は執行役員に関する規程に反する行為により使用者に生じた損害について賠償する責任を負うこと
>
> ㈨　上記例示以外の執行役員制度の下で支払われるものであっても、個々の事例の内容から判断して、使用人から執行役員への就任につき、勤務関係の性質、内容、労働条件等において重大な変動があって、形式的には継続している勤務関係が実質的には単なる従前の勤務関係の延長とはみられないなどの特別の事実関係があると認められる場合には、退職手当等に該当することに留意する。

要するに、従前の勤務関係の延長ではないといえる場合には退職所得として処理することができるということです。

なお、本通達に関する解説（法人課税課情報（源泉所得税関係２号）平成19年12月５日）は国税庁ホームページで公表されています[18)]。

3 社外役員に対する退職金

Point 社内と社外との区分なし

近時、不祥事防止やガバナンスの強化を目的として社外取締役や社外監査役など社外の者を役員とするケースは増加しているものと思われます。

これら社外役員について、会社法上は、それぞれ定義付けされていますが（会社法２条15号）、税法上は、社内役員と区別した規定はありません。

したがって、社外役員に対する退職金についても、社内役員と同様の処理になるものと思われます。

18）国税庁法人課税課情報（源泉所得税関係２号）平成19年12月５日（https://www.nta.go.jp/shiraberu/zeiho-kaishaku/joho-zeikaishaku/shotoku/shinkoku/071205/00.htm, 平成30年１月18日最終閲覧）。

第5章

法人経費

25 交際費等とは

取引先との接待費だけが交際費等ではない？

1 はじめに

(1) 交際費等は損金不算入

Point 会計上は費用でも税務上は費用ではない

第１章「1　法人税の基礎知識」（２頁）で法人税の仕組みについて解説しましたが、法人税法における法人所得は企業会計上の利益とは必ずしも一致しません。

そして、会計上は費用として計上されるべきものであっても、法人税法上は損金として計上されるべきでない、いわゆる損金不算入とされるものがあります。その代表的なものとして交際費等が挙げられます。

例えば、取引先の関係者を飲食店で接待した際に支出された接待費などが最たるものですが、それらは企業が事業を遂行する上で必要不可欠なものであれば、会計上は、企業利益獲得のために必要な費用として処理されます。しかし、税務上は、原則として損金とは扱われません。

(2) なぜ、交際費等は損金不算入なのか

Point 交際費等は冗費的支出だからか？

交際費等は、企業にとってみれば、取引先との親睦を深めることなどにより、取引関係が円滑に進められ、また、取引範囲や取引量の増加に繋がるといった効果もあり、企業の事業遂行上必要不可欠といえるものであるにもか

かわらず、なぜ、税務上は損金不算入とされているのでしょうか。

この交際費等の損金不算入制度は、昭和29年の租特法の改正により創設されたものですが、当時、交際費等は冗費〔編注：むだな費用〕的支出として問題視されていました。交際費等の中には純粋な営業経費に属するものもあるものの、冗費的支出も少なくなく節約可能なものもかなりあると考えられ、法人の支出する交際費等の額が一定限度を超えるときはその超える金額の2分の1に相当する金額を損金に算入しない措置が講じられることとなった、とされています[1)]。要は、冗費的になりがちな交際費等の支出の抑制を図ることが目的の1つとされていたようです。

そして後述のとおり、現在では、交際費等の金額は、例外はありますが、原則としてその全額が損金不算入とされています。

⑶　交際費等かどうかの判断を誤った場合は……

Point　加算税等も避けられないことに

もし、損金不算入とされるこのような接待費を税務上においても損金として処理した上で税務申告した場合には、それは誤った申告となりますので、後に修正申告や更正などにより、本税のみならず、加算税等の納付を余儀なくされ、思わぬ支出を招く結果となります。

前記のような接待費などは分かりやすい例ではありますが、中には、交際費等なのか、それとも、税務上も損金計上が可能な広告宣伝費や給与なのか、についての判断が困難な場合が少なくありません。

1）駒崎清人 他編『実例問答式 交際費の税務−交際費と隣接経費の判定を中心として（平成28年版）』（大蔵財務協会）6−7頁参照。

2 交際費等の意義、損金不算入とされる額

⑴ 交際費等の意義

Point 条文上の定義は租特法に

交際費等とは、「交際費、接待費、機密費その他の費用で、法人が、その得意先、仕入先その他事業に関係のある者等に対する接待、供応、慰安、贈答その他これらに類する行為のために支出するもの」（租特法61条の４第４項）をいいます。

ただし、以下の費用のいずれかに該当するものは除かれます（同条同項１～３号）。

① 専ら従業員の慰安のために行われる運動会、演芸会、旅行等のために通常要する費用

② 飲食その他これに類する行為のために要する費用であって、１人当たりの金額が5000円（租税特別措置法施行令（以下「租特法令」という）37条の５第１項）以下の費用（ただし、専ら当該法人の役員や従業員、これらの親族に対する接待等のために支出するものは除く）

③ 上記①②の費用のほか、政令（租特法令37条の５第２項）で定める費用

ア　カレンダー、手帳、扇子、うちわ、手ぬぐいその他これらに類する物品を贈与するために通常要する費用

イ　会議に関連して、茶菓、弁当その他これらに類する飲食物を供与するために通常要する費用

ウ　新聞、雑誌等の出版物または放送番組を編集するために行われる座談会その他記事の収集のために、または放送のための取材に通常要する費用

(2) 損金不算入とされる額

Point 例外規定が重要

交際費等については前述のとおり、原則として全額が損金不算入とされていますが、例外があります。

すなわち、平成26年度税制改正大綱において、景気回復の実感が中小企業や地域経済に未だ十分に浸透していないことを踏まえ、復興特別法人税の前倒し廃止のほか、消費を活性化させる手段として大企業においても交際費課税を一部見直すことを盛り込んでいたところ、平成26年３月31日に公布された所得税法等の一部を改正する法律（平成26年法律第10号）により、法人の交際費等の損金不算入制度に関する規定が改正されました。

それまで大企業の交際費等の損金不算入制度については一切例外が設けられていませんでしたが、この改正はその一部に例外を設けるというものです。平成26年４月１日から平成30年３月31日までの間に開始する各事業年度において支出する交際費等の額のうち接待飲食費の額の50％に相当する金額は、損金の額に算入できることとされました。この改正は、どのような規模の法人にも適用されますので、大企業も接待飲食費の額の50％相当額を損金算入できることとなります（図表５－１参照）。

〈図表５－１〉接待飲食費の損金算入（改正前／改正後）

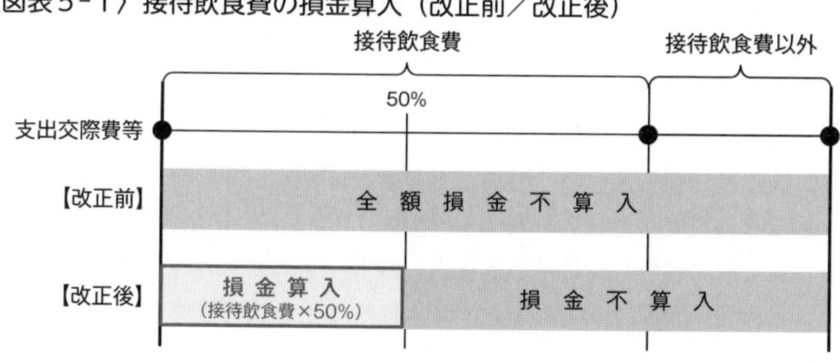

出所：国税庁「平成26年度 交際費等の損金不算入制度の改正のあらまし」

これに対し、中小法人（※）については、平成26年４月１日以後に開始する事業年度において、前記の交際費等の額のうち接待飲食費の額の50％相当額か、あるいは、交際費等の額のうち800万円に該当事業年度の月数（１月に満たない端数があるときは１月として計算）を乗じ、これを12で除して計算した金額（以下「定額控除限度額」という）に達するまでの金額のどちらかを損金算入することができることとなります。

※　中小法人とは、事業年度終了の日における資本金の額または出資金の額が１億円以下の法人をいい、普通法人のうち事業年度終了の日において資本金の額または出資金の額が５億円以上の法人などの一定の法人による完全支配関係がある子法人等を除きます。

Point　50％相当の場合の損金算入の対象は「接待飲食費」

ところで、この改正で、「交際費等」について、「接待飲食費」という用語が登場しました。

この「接待飲食費」とは、「交際費等のうち、飲食その他これに類する行為のために要する費用であって、その旨につき財務省令で定めるところにより明らかにされているもの」と定義されています（租特法61条の４第４項。傍点筆者）。

この「財務省令で定めるところにより明らかにされているもの」とは、法人税法上で整理・保存が義務付けられている帳簿書類に次の事項を記載することにより飲食費であることが明らかにされているものをいいます。

ア　飲食費に係る飲食等のあった年月日

イ　飲食費に係る飲食等に参加した得意先、仕入先その他事業に関係のある者等の氏名または名称及びその関係

ウ　飲食費の額ならびにその飲食店、料理店等の名称及びその所在地

エ　その他飲食費であることを明らかにするために必要な事項

ただし、この接待飲食費については、専らその法人の役員もしくは従業員

またはこれらの親族に対する接待等のために支出するものは除かれます。

なお、交際費等から除外されている「飲食費であって、１人当たりの金額が5000円以下の費用（ただし、専ら当該法人の役員や従業員、これらの親族に対する接待等のために支出するものは除く）」については、従来から同様であり、この改正によっても何ら変更はありません（ただし、条文は租特法61条の４第３項から第４項へと改正）。

⑶　接待飲食費に該当しないもの

Point　ゴルフの際の飲食代などは該当せず

接待飲食費の典型例は、以下のようなものです（国税庁「接待飲食費に関するFAQ」（平成26年４月30日公表）。以下「国税庁FAQ」という）。

①　自己の従業員等が得意先等を接待して飲食するための飲食代
②　飲食等のために支払うテーブルチャージ料やサービス料
③　飲食費等のために支払う会場費
④　得意先等の業務の遂行や行事の開催に際して、弁当の差入れを行うための「弁当代」（得意先等において差入れ後相応の時間内に飲食されるもの）
⑤　飲食店等での飲食後、その飲食店等で提供されている飲食物の持ち帰りに要する「お土産代」

これに対し、以下のようなものは接待飲食費に該当しないとされています。

①　ゴルフや劇場、旅行等の催事に際しての飲食等に要する費用
②　接待等を行う飲食店等へ得意先等を送迎するために支出する送迎費
③　飲食物の詰め合わせを贈答するために要する費用

(4) 社内飲食費について

Point 出向者については要注意

前述のとおり、この接待飲食費については、専らその法人の役員もしくは従業員またはこれらの親族に対する接待等のために支出するもの（社内飲食費）は除かれます。

ただし、以下のようなものは社内飲食費には該当せず、したがって、損金算入の計算の対象となります（国税庁FAQ）。

① 親会社の役員等やグループ内の他社の役員等に対する接待費のために支出する飲食費

② 同業者同士の懇親会に出席した場合や得意先等と共同で開催する懇親会に出席した場合に支出する自己負担分の飲食費相当額

③ 出向者が出向先である親会社の役員等を接待する会合に親会社の役員等の立場で出席しているような場合に支払う飲食代（※）

※ 逆に自社つまり出向元の役員等の立場で出席した場合は社内飲食費に該当します。

(5) 帳簿書類への記載や申告等について

Point 社外の得意先であることを明確に

帳簿書類への記載事項については、特に社内飲食費ではないことを明らかにする必要上、原則として、飲食等を行った相手方である社外の得意先等に関する事項、すなわち、会社名、部署、氏名、どのような関係にある得意先か（例えば、「卸売先」など）を記載する必要があります。

ただし、氏名については、多数が参加したような場合には不明となる場合がありますので、そのような場合には「……他○名」という記載でも差し支えないとされています。

そのほか、中小法人においては、50％相当額の損金算入か年800万円の損金算入のどちらかを選択することができますが、これは事業年度ごとに選択することができるとされています。したがって、事業年度ごとにどちらの方法が多く損金算入できるかをチェックすべきこととなるでしょう。また、申告の際には「交際費等の損金算入に関する明細書」（別表15）において、いずれかの方法により損金算入額を計算し、申告することとなります（国税庁FAQ）。

⑹　具体例

Point　中小法人か否かで損金算入可能額が異なる

例えば、平成29年４月１日から平成30年３月31日までの事業年度について、交際費等の額が合計1000万円で、そのうち飲食接待費が700万円であった場合

中小法人以外の法人……飲食接待費700万円の50％相当額である350万円について損金算入が可能
中小法人……………………上記350万円か、交際費等の額である1000万円のうち、800万円に該当事業年度の月数（12か月）を乗じ、これを12で除して計算した金額（すなわち800万円）のどちらかを選択

Point　中小法人は事業年度による損金算入可能額が異なる

中小法人については、平成26年度税制改正よりも前から交際費等の額のうち一定額は損金算入が認められていましたが、損金算入限度額は、以下のとおり、事業年度ごとに異なりますので、注意が必要です。

①　平成25年３月31日以前に開始する事業年度

損金不算入額は、交際費等の額のうち、600万円（平成21年３月31日以前に終了した事業年度においては400万円）に該当事業年度の月数を乗じ、これを12で除して計算した金額に達するまでの金額の90％に相当する金額

②　平成25年４月１日から平成26年３月31日までの間に開始する事業年度

損金不算入額は、交際費等の額のうち、800万円に該当事業年度の月数を乗じ、これを12で除して計算した金額に達するまでの金額

26 交際費等にまつわる裁判例

微妙な案件は万が一の課税処分に備え立証資料の準備を

1 交際費等の範囲

(1) 判断基準について

Point 条文上の定義だけでは判断が困難

交際費等の定義は、「25 交際費等とは」(170頁) で述べたとおりですが、この文言だけでは、実際の個別具体的な支出が交際費等に該当するのかどうかについて明確に判断できない場合が少なくありません。

そこで、課税実務においては、通達 (租税特別措置法関係通達 (以下「措通」という) 61の4など) により実務において想定されるケースをある程度類型化し、そのケースにおいて支出される費用が交際費等に該当するかどうかの判断基準が設けられています。

例えば、交際費等と給与との区別については、措通61の4(1)−12により、従業員に対して支給される次のようなものは、給与の性質を有するものとして交際費等に含まれないとされています。

(1) 常時給与される昼食等の費用
(2) 自社の製品、商品等を原価以下で従業員等に販売した場合の原価に達するまでの費用
(3) 機密費、接待費、交際費、旅費等の名義で支給したもののうち、その法人の業務のために使用したことが明らかでないもの

⑵　通達とは

Point　法律とは違う上級行政庁の命令や指令

「通達」とは、一般に、上級行政庁が法令の解釈や行政の運用方針などについて、下級行政庁に対してなす命令ないし指令のことをいいます（国家行政組織法14条２項）。

これは法律とは異なり、行政内部では拘束力をもつものの、国民に対しては拘束力をもたず、裁判所もこれに拘束されません。

したがって、仮に課税庁が通達に従った課税処分を行ったとしても、その通達が法律に違反していれば、その課税処分は違法である、ということとなります。

しかしながら課税実務においては、通達を１つの判断基準として、交際費等に該当するのかどうかを判断しているのが実情であるといえます。ただし、世に起こる取引等には多種多様なものがありますので、通達をもってしても判断に迷う場合は少なくありません。

⑶　３要件

Point　１つの視点だが、裁判例などには必ずしも前提としていないものも

法人の支出する費用が交際費等に該当するかどうかの判定要件としては、次の３要件によるものが妥当であるとの見解が比較的有力とされています。

①　「支出の相手方」が事業に関係のある者等であること
②　「支出の目的」が事業関係者等との間の親睦の度を密にして取引関係の円滑な進行を図ることにあること
③　「支出の起因となる行為の形態」が、接待、供応、慰安、贈答その他これらに類するものであること

しかしながら、実際の裁判例などでは、必ずしも３要件を前提としていな

いものもあります。

以下では、裁判所などで争われた具体例を示しながら、さらに交際費等の範囲についての理解を深めていきたいと思いますが、上記３要件を意識しながら読んでいただければと思います。

2　裁判例 その１ ～さいたま地裁平成16年２月４日判決[2)]

Point　採用内定者の事前研修懇親会などの費用は交際費等に当たるか

(1)　事案の概要

衣料品販売のチェーンストアの経営等を目的とする株式会社（原告）が、採用内定者の事前研修懇親会（本件懇親会）及び懇親旅行（本件懇親旅行）の費用として支出した金額について、これらが交際費等に該当せず福利厚生費に該当するとして、損金として算入した上で確定申告をしました。

これに対し、課税庁（被告）がこれらの費用は交際費等に該当するとして更正処分を行いました。本件では、本件懇親会及び本件懇親旅行に要した費用が交際費等に該当するか否かが争われました。

(2)　裁判所が認定した前提となる事実

裁判所は、本件懇親会と本件懇親旅行がどういったものであったかについて、次のとおり認定しました。

①　本件懇親会について

某ホテルの宴会場を借りて採用内定者48ないし90名の出席者により約３時間かけて行われ、その内容は、冒頭に役員挨拶や会社説明、自己紹介などを行った後、会食に移り、酒類も提供されて、１人当たり8602円から１万1167円の酒食が提供された。

②　本件懇親旅行について

１泊２日の行程、参加者58名でバス２台に分乗して出発後、某観光地に

2）さいたま地裁平成16年２月４日判決、税資254号順号9549。

て昼食をとり、鬼怒川温泉某ホテルに宿泊、翌日は数か所の観光地を見学後出発地まで戻るという行程であり、費用は総額127万8314円で１人当たり約２万2000円を要した。ただし、初日の午後３時から５時ごろまで内定者自己紹介、会社担当者との就職後の仕事等についての質疑応答等が行われ、午後８時ごろからはグループに分かれてミーティング（二次会）が行われており、内定者の事前研修の性格が全くなかったわけではない。

(3)　争点

①　本件懇親会や本件懇親旅行は、採用内定者に対する研修や人材育成を目的とするものであり、「接待、供応、慰安」とは評価できないのではないか。

②　仮に「接待、供応、慰安」と評価できたとしても、採用内定者は従業員に準ずるとして福利厚生費と評価されるべきではないか。

(4)　裁判所の判断

裁判所は上記争点について、次のとおり判断し、被告による更正処分が適法なものであると結論付けました。

●争点①について

ア　会議等に伴い飲食が提供された場合に交際費等から除外されるのは、「会議に関連して、茶菓、弁当その他これらに類する飲食物を供与するために通常要する費用」（現行・租特法令37条の５第２項２号）にとどまるのであり、その規定ぶりから、その範囲は普通一般に観念される昼食費用を超えない程度のものが想定されていると解されるとし、本件懇親会で提供された酒食の程度は通常供与される昼食の程度を超えるというべきであり、

イ　本件懇親旅行の行程等は事前研修の範囲を超え、事業関係者である会社と採用内定者あるいはそれら相互の親睦の度を深めるため、これらの供応ないし慰安のために行われたと判断するのが相当であり、

――いずれも交際費等に該当する。

●争点②について

「専ら従業員の慰安のために行われる運動会、演芸会、旅行等のために通常要する費用」は、従業員全体の福利厚生のために支出されるものであるため、交際費等から除外されているが（現行・租特法61条の４第４項１号）、採用内定者は、未だ何ら労働を提供していないから、福利厚生費の前提となる「従業員」には該当しない。

(5)　小括

Point　お酒が提供されるいわゆる宴会と評価されれば交際費等に該当することに

採用内定者に対する事前の研修会等については、旅行まで実施されることは最近では少なくなっていますが、懇親会は現在もよく実施されているのではないかと思われます。

この判決が示すように、昼食程度の飲食であれば会議費などの費用として損金算入は可能だと思われますが、お酒が提供されるようないわゆる宴会と評価される程度に至ればやはり交際費等に該当することになるでしょう。

3 裁判例 その２ ～東京高裁平成５年６月28日判決[3)]

Point オートオークションの抽選会の景品の購入費用の支出が交際費等に該当するか

(1) 事案の概要

中古自動車の競り売り開催業者（原告・控訴人）は、オークション終了時に抽選会を実施し、その当選者に景品を交付する（ただし、その時点で会場にいなかった場合は景品を受け取る権利を失う）というイベントを行っていました。そのイベントの目的は、オークション会場への来場者の増加のほか、来場者をオークション終了時まで参加させることにありました。

開催業者は、これら景品購入費用を支払奨励金として損金算入して確定申告を行っていたところ、課税庁（被告・被控訴人）は、これら景品の購入費用の支出は交際費等に該当するとして更正処分を行いました。

これに対し、開催業者は更正処分の取消しを求めて提訴しました。

(2) 争点

景品の購入費用の支出は交際費等に該当するか否か。

(3) 裁判所の判断

第一審、控訴審とも交際費等に該当するとして納税者敗訴の判決を言い渡しました。なお、開催業者は上告もしましたが、最高裁判所は上告を棄却しました。

控訴審裁判所は、交際費等に該当するかどうかの判断基準について、

① 支出の相手方が事業に関係のある者であるか否か

② 支出の目的が係る相手方に対する接待、供応、慰安、贈答その他これらに類する行為のためであるか否か

3）東京高裁平成５年６月28日判決、税資195号700頁。

――にあるとし、本件について、

① オートオークションに参加できる者は、開催業者と会員契約を締結している者であって、オークションに参加を承認される必要があることから、本件費用の支出の相手方が「事業に関係のある者」に限られていること

② 抽選会の目的はオークションに多数来場させ、また、オークション終了時まで参加させることにあるから、それは取りも直さず、得意先等事業関係者に対する贈答その他これに類する行為により、親睦の度を密にして、取引関係の円滑な進行を図るために支出されたものであること

――から、交際費等に該当すると判断しました。

この点、開催業者は、景品の購入費用は、売上割戻金の性質を有する支払奨励金である旨主張しました。

ここで、売上割戻金とは、法人がその得意先である事業者に対し、売上高や売掛金の回収高に比例するなどの一定の基準に基づき金銭で支出する費用のことをいい、これらの費用は事業者との取引に係る対価の修正であるから交際費等には該当しないものとされています（措通61の４⑴－３）。

しかし、裁判所は、売上割戻金は、典型的には、得意先に対し、一定数量または一定金額を一定期間中に買い入れ、代金を決済した場合に支払う返戻額であるところ、本件の抽選会は、購入金額や購入台数などに関係なく、公平に抽選に参加できるものである以上、売上割戻金の性質を有しないとし、開催業者の主張を退けました。

⑷　小括

Point　景品の購入費用なども税務上の交際費等に該当する場合が

本件において裁判所は、交際費等に該当するかどうかの判断基準について、２つの要件（①支出の相手方、②支出の目的）を掲げ、その２要件に該当するかどうかを検証しています。

交際費と聞けば、取引先の従業員との飲食などを思い浮かべる人が多いか

と思いますが、実務においては、このような景品の購入費用なども税務上の交際費等に該当する場合があります。

また、次の裁判例で紹介するように、金銭や物などを交付するという形態だけではなく、目に見えない形での経済的利益の供与という形態も交際費等の該当性が問題となる場合があります。

4　裁判例 その３ ～第一審 東京地裁平成14年９月13日判決[4] 納税者敗訴 控訴審 東京高裁平成15年９月９日判決[5] 納税者勝訴

Point　医学研究者の医学論文の英文添削費用の一部負担金が交際費等に該当するか

(1)　事案の概要

〈図表５-２〉本件負担金

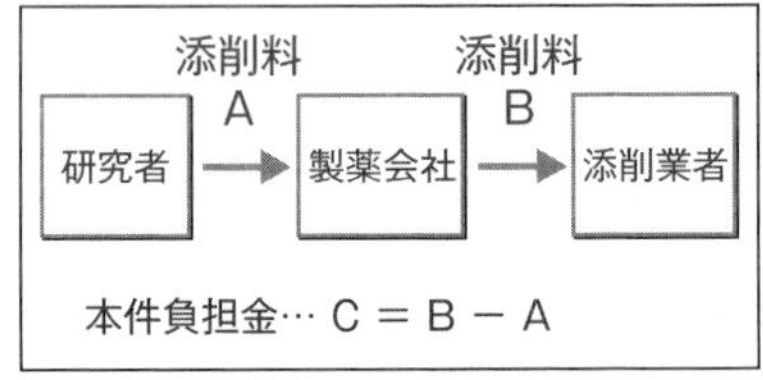

外資系の製薬会社（原告・控訴人）は、大学病院等に対して医薬品を販売しているところ、それら大学病院等の研究者から、医学論文の海外雑誌への掲載のための英訳文について英文添削の依頼を受け、これを米国の添削業者に外注していました。そして、製薬会社は、それら研究者からは国内添削業者の平均的な添削料を徴収していたものの、米国の添削業者に支払うべき添削料はその3.7倍ないし5.1倍に上っており、その差額（以下「本件負担金」という）を製薬会社が負担していました（図表５-２参照）。

そして、製薬会社は、研究者から徴収した添削料相当額（A）を益金に算入し、米国の添削業者に支払った添削料（B）を損金に算入した上で確定申告を行っていました。これに対し、課税庁（被告・被控訴人）は、本件負担

4）東京地裁平成14年９月13日判決、税資252号順号9189。
5）東京高裁平成15年９月９日判決、税資253号順号9426。

金（C）に相当する額は交際費等に該当するとし、更正処分を行いました。

そこで、製薬会社は、この更正処分の取消しを求めて提訴しました。

なお、英文添削の依頼者は、製薬会社に支払っている添削料より製薬会社が添削業者に支払っている添削料の方が高額であること、その差額（本件負担金）についての利益を知らされておらず認識していませんでした。

⑵　争点

本件負担金は交際費等に該当するか否か。

⑶　第一審裁判所の判断

第一審裁判所は、本件負担金は交際費等に該当すると判断し、納税者である製薬会社を敗訴させました。

まず、交際費等かどうかの判断基準について、

①　支出が「事業に関係のある者」のためにするものであるか否か

②　支出の目的が「接待等を意図するもの」であるか否か

——の２つの要件を検討すべきであるとしました。

その上で、本件負担金について、

①　英文添削の依頼者は、製薬会社の取引先である大学の付属病院、これらの病院を有する医科系大学及び総合大学の医学部またはその他の医療機関に所属する、医師等やその他の研究者に限られていたとして、「事業に関係のある者」に該当し、

②・　英文添削の依頼者は上記①のとおり限定されていたこと

・　製薬会社は取引先医療機関に対し、ＭＲ（医薬情報担当者）を派遣し、ＭＲを通じての添削依頼によりＭＲが取引先の医師等と接触する機会を多く得ることができること

・　外資系の製薬会社が国内の添削業者と同等またはそれ以上の内容の添削業務を、国内の添削業者と同水準で提供することにより、取引先の医師等の歓心を買うことができること

・　本件負担金額が１億1169万336円ないし１億7506万1634円にも及んでいたこと

——などを考慮すれば、本件負担金の支出は接待等を目的として行われたものに該当する
——と判断しました。

⑷　控訴審裁判所の判断

しかし、第一審で敗訴した製薬会社が控訴したところ、控訴審裁判所は第一審の判断を覆し、次のとおり、製薬会社を勝訴させました。

まず、交際費等かどうかの判断基準について、

①　支出が「事業に関係のある者」のためにするものであるか否か

②　支出の目的が「接待等を意図するもの」であるか否か

——のほか、

③　行為の態様が「接待、供応、慰安、贈答その他これらに類する行為」であるか否か

——という判断基準を加えて、３つの要件を検討すべきであるとしました。

その上で、本件負担金について、

まず、①については、第一審同様、英文添削の依頼者は「事業に関係のある者」に該当するとしました。

次に、②についてですが、第一審とは異なり、「接待等を意図するもの」との認定は困難であると判断しました。

その理由について、控訴審裁判所は、

- 英文添削がなされるに至った経緯は、製薬会社に従前在籍していた某博士が研究者らの論文を添削、指導していたことに端を発し、好評であったために同博士が帰国後も引き続き添削を依頼していたこと
- 英文添削がなされた動機は、主として、海外の雑誌に研究論文を発表したいと考えている若手研究者らへの研究発表の便宜を図り、その支援をすることにあったこと
- 製薬会社は、添削の依頼を受けるにあたり、公正取引協議会に確認、指導を仰いだ上で、国内添削業者の平均的な料金を徴収することとしたこと
- 本件負担金の額は、総額は高額であるが、１件当たりの額はそれほど

　大きなものではなく、依頼者も教授や助教授は全体の１割強にすぎず、
　主として講師、助手などの若手研究者らであったこと
――などを指摘し、本件負担金の支出は、事業関係者との親睦の度を密にし、取引関係の円滑な進行を図るという接待等の目的でなされたと認めることは困難であるというものでした。

　さらに、③についても、「接待、供応、慰安、贈答その他これらに類する行為」というのは、「一般的に見て、相手方の快楽追求欲、金銭や物品の所有欲などを満足させる行為をいう」として、本件負担金の支出は、このような類の行為に該当しない旨判断しました。

⑸　小括

Point　支出の相手方、支出の目的のほかに支出行為の形態を含めた意義は大きい

　本件は、控訴審裁判所の判決に対して課税庁が上告しなかったため、納税者の勝訴のままで確定しました。

　ところで、交際費等の意義ないし範囲については、法律上の定義や通達などによってある程度の枠組みは納税者にも理解できるところではありますが、本件のように個別具体的な事案となると、裁判所の判断も異なるほどその判断が微妙な場合が少なくありません。

　本件の控訴審裁判所は、交際費等に該当するかどうかの判断基準について、第一審裁判所が採用した２要件（①支出の相手方、②支出の目的）のほかに「③支出行為の形態」をも含めました。この点、同判決は、課税要件明確主義の観点から、課税庁主張の拡大解釈に疑問を示していることも踏まえれば、非常に意義深い判決であると思われます。

5 まとめ

Point ある程度は割り切りにより形式的な判断となることもやむを得ない

ここまで交際費等の税務上の問題点を解説してきましたが、もちろん、このほかにも実務で問題となっている事例は数多く存在しています。

これはすなわち、実務において、交際費等に該当するかどうかの判断基準に未だ不明確な部分があるということを物語っています。条文上の定義や通達があったとしても、個別具体的な事案に当てはめてみると、その判断が容易でないのです。

裁判例においても、判断基準について２要件で足りるとする見解もあれば、３要件が必要であるとする見解もあります（もっとも、両見解の違いには今一つはっきりしない点もある）。

この点、実務においては、①対象が事業に関係のある者かどうか、②それが接待、供応、慰安、贈答その他これらに類するものかどうか、を中心に検討することとなりますが[6)]、それでも交際費等かどうかの判断が微妙な案件については、思わぬ課税を避けるために、通達のほか、過去の裁判例などを踏まえて個別具体的に予め検討を加え、さらには、万が一の課税処分に備え、立証資料も準備しておくことが求められます。

6）山田俊一「製薬会社が負担した英文添削料」（『月刊 税務事例』第37巻９号）26頁参照。

27 交際費等と福利厚生費との区別

福利厚生費としても損金性が否定されることも

1 はじめに

(1) 税法上の取扱いの違い

Point 福利厚生費は全額損金算入

まず、交際費等とは、「交際費、接待費、機密費その他の費用で、法人が、その得意先、仕入先その他事業に関係のある者等に対する接待、供応、慰安、贈答その他これらに類する行為のために支出するもの」(租特法61条の４第４項）をいうとされており、原則として、損金不算入とされています(※)。

これに対し、専ら法人の従業員の慰安のために行われる様々な活動に通常要する費用である福利厚生費は、税法上、上記の交際費等の範囲からは除外されているため、その全額が損金に算入されることとなっています。

したがって、従業員のための支出が、交際費等に該当するか、それとも、福利厚生費に該当するかは、税務上、非常に重要な問題となります。

※　交際費等が例外として損金に算入される場合については、「25 交際費等とは」(170頁）を参照して下さい。

(2) 交際費等から除かれるもの

Point 規定あるもなお抽象的

前述したとおり、福利厚生費とは、専ら法人の従業員の慰安のために行われる様々な活動に通常要する費用であり、これらの費用は交際費等から除かれますが、具体的にはどのような費用を指すのでしょうか。

租特法をはじめとする関係法令では、以下のような費用が交際費等から除かれています。

①　専ら従業員の慰安のために行われる運動会、演芸会、旅行等のために通常要する費用

②　飲食その他これに類する行為のために要する費用であって、１人当たり5000円以下の費用（※）

③　カレンダー、手帳、扇子、うちわ、手ぬぐいその他これらに類する物品を贈与するために通常要する費用

④　会議に関連して、茶菓、弁当その他これらに類する飲食物を供与するために通常要する費用

⑤　新聞、雑誌等の出版物または放送番組を編集するために行われる座談会その他記事の収集のために、または放送のための取材に通常要する費用

※　ただし、次に掲げる事項を記載した書類の保存が条件とされます。

・　その飲食等のあった年月日

・　その飲食等に参加した得意先、仕入先その他事業に関係のある者等の氏名または名称及びその関係

・　その飲食等に参加した者の数

・　その費用の金額ならびにその飲食店、料理店等の名称及びその所在地

・　その他参考となるべき事項

しかしながら、以上のような規定があるものの、これらの規定にある「通常要する費用」の具体的中身は明らかではありません。そのため、実務では、「通常要する費用」ではないなどとして福利厚生費としての損金算入が否認される例が少なくありません。

2 裁判例

⑴ 忘年会の費用が争われた裁判例（東京地裁昭和55年４月21日判決）[7)]

● 事案の概要

・ 忘年会の一次会及び二次会で１人当たり約9000円を支出
・ 大手ホテルで実施された御用納めの会で１人当たり約2400円を支出
・ 会社創立記念パーティーの費用で１人当たり約2700円を支出など

● 裁判所の判断

まず、「法人が……忘年会等の費用を負担した場合、それが法人が社員の福利厚生のため費用全額を負担するのが相当であるものとして通常一般的に行なわれている程度のものである限りその費用は交際費等に該当しないが、その程度を超えている場合にはその費用は交際費等に該当する」としました。

そして、「通常一般的に行なわれている程度のものか否かは個々の忘年会等の具体的態様、すなわち開催された場所、出席者１人あたりの費用、飲食の内容等を総合して判断すべき」であり、また、「通常の食事か否かは……食事の場所、１人あたりの費用、飲酒の有無及び飲酒代が食事代に占める割合等を総合して判断すべきであって、飲酒も重要な目的であると認められる場合や全体の費用のうちの相当部分が飲酒に関するもので占められているような場合には通常の食事とはいえない」という１つの基準を示しました。

そして、結論として、いずれの支出も福利厚生費とはいえず、交際費等に該当するから損金算入できないと判断しました。

● コメント

この裁判例は、会社が福利厚生費として忘年会の二次会費用まで負担すること自体不相当であるとまで述べており、かなり福利厚生費の範囲を厳格に解釈しています。

7）東京地裁昭和55年４月21日判決、税資113号105頁。

ただ、昭和55年の判断でかなり古いものであり、金額の点を今日の事案に直接当てはめることは適当ではありませんが、飲食については現在の１人当たり5000円という基準が重要になるでしょう。

(2) 社外での飲食費が争われた裁判例（神戸地裁平成４年11月25日判決）[8)]

● 事案の概要

会社は、一部の従業員の慰労のため、平成元年３月１日から12月11日の間に合計53回にわたり、社外の飲食店（焼鳥屋、焼肉店、ステーキハウス、割烹店など）で飲食した費用（福利厚生費として97万9994円、会議費として７万4637円）を支出しました。

● 裁判所の判断

まず、交際費等に該当しない福利厚生費といえるためには、「法人が当該法人に所属する従業員の労働力の確保とその向上を図るために支出するものでそれを支出するのが相当であるというだけでなく、従業員全員が参加の対象として予定されたものであることを要する」としました。

この点、納税者は、全従業員が参加する行事を行うことは不可能であり、危険や悪条件など特別な条件の下で業務に従事する従業員に対して適宜の方法で行う慰安のための支出は福利厚生費であると主張しましたが、裁判所は「確かに、企業によっては、全員参加の行事が困難な場合があることは否定でき」ないとしながらも、「就労部署毎に慰労を行うことが認められるとしても、その慰安の内容が社会通念上一般的に行われるものであり、かつ、その内容、費用の支出について、一定の基準に従ったものであることが必要である」としました。そして、本件支出は、「支払の相手先も支払額も多様であり同一基準によって支出されているということはできない」と結論付けました。

また、「従業員が特別の努力を要する業務に従事していたとしても同様であり、慰安として通常必要な費用の額が異なることはありえても、特別な業務であるからといって、一部の従業員に対してのみ支出される内容の支出を

8）神戸地裁平成４年11月25日判決、税資193号516頁。

福利厚生費ということはできない」とも判断しました。

さらに、会議費として支出した分についても、「開催場所は、焼鳥屋、焼肉店、ステーキハウス、割烹店等であって、通常会議が行われるには相応しくない場所であり、その議題、内容等が帳簿上明らかになっておらず、また、支出内容についても、科目が福利厚生費とされている……その他の支出内容と同一の『従業員打合せ会食代』と記載されていることなどを併せて考慮すれば、右支出は、会議費と記載されてはいるが、それは単に名目、形式にすぎず、その支出の原因になった会合は、会議としての実体を備えていないものと推認することができる」として、会議として支出した分についても交際費等であるとして損金性を否定しました。

● コメント

この裁判例では、従業員全員が参加の対象として予定されたものであることを要するとし、さらに、就労部署ごとに慰労を行うことが認められるとしても、その慰安の内容が社会通念上一般的に行われるものであり、かつ、その内容、費用の支出について、一定の基準に従ったものであることが必要であるとの判断を示しました。このことから一部の従業員のみを対象とした場合には、上記の一定の基準を設けるなどの対策が必要となるでしょう。

また、会議費とする以上は、その開催場所についても会議に相応しい場所かどうかについて注意すべきといえます。

3　従業員に対する課税の可能性

Point　給与認定される場合も

会社が従業員の慰労のための費用を福利厚生費として支出した場合でも、その支出に相当する金額が従業員に対する給与として認定される場合があります。

すなわち、会社が従業員のレクリエーションのために社会通念上一般的に行われている会食、旅行、演芸会、運動会等の行事の費用を負担することにより、これらの行事に参加した従業員が受ける経済的利益については、原則として課税しなくても差し支えないとされています（所基通36－30）。

しかしながら、これらの費用であっても、会社負担が多額のものについては従業員に対する給与や賞与とされる場合があり、その場合には会社は源泉徴収義務を負うこととなります（詳細は第２章「３　レクリエーション費用・記念品支給等の取扱い」（19頁）参照）。

最近では、マカオへの２泊３日の慰安旅行を実施した会社が、従業員１人当たり約25万円の費用を福利厚生費として支出した事案に対し、課税庁がその旅行に係る経済的利益は従業員に対する賞与に該当するとして会社に対して源泉所得税の納税告知処分をした例があります。

この件について納税者は争いましたが、結局、裁判所は課税庁の処分を適法と判断しました[9)]。

したがって、会社が従業員のために福利厚生費として支出する場合も、それが従業員に対する給与ないし賞与に該当しないかどうかは注意を要するところです。

９）東京高裁平成25年５月30日判決、税資263号順号12222。

28 人件費増額に伴う減税措置

2つの制度、重複適用が可能に

1 2つの制度 ～人員の増加か、給与の増加か

人件費増額に伴う減税措置としては、主に雇用促進税制（従業員の人数を増加させた場合）と所得拡大促進税制（従業員の給与等の額を増加させた場合）の2つの制度があります。従来、これらの制度については、どちらか一方の制度を選択適用することとなっていましたが（改正前の租特法42条の12の4第1項）、平成28年度税制改正により、一定の方法による調整をすることで重複適用が可能となりました。

2 雇用促進税制

(1) 概要

Point 従業員数の増加の場合を対象に

雇用促進税制は、青色申告書を提出している法人が平成23年4月1日から平成30年3月31日までの間に開始する各事業年度において、当期末の雇用者の数が前期末の雇用者の数に比して5人以上（中小企業者等[※]は2人以上）かつ10%以上増加していることについて証明がされるなど一定の場合に、税額控除が認められる制度です（租特法42条の12）。

※　中小企業者等とは、中小企業者または農業協同組合等をいい、このうち中小企業者とは次に掲げる法人をいいます。

① 資本金の額または出資金の額が1億円以下の法人

ただし、同一の大規模法人（資本金の額もしくは出資金の額が１億円を超える法人または資本もしくは出資を有しない法人のうち常時使用する従業員の数が1000人を超える法人をいい、中小企業投資育成株式会社を除く。以下同じ）に発行済株式または出資の総数または総額の２分の１以上を所有されている法人及び２以上の大規模法人に発行済株式または出資の総数または総額の３分の２以上を所有されている法人を除きます。

② 資本または出資を有しない法人のうち常時使用する従業員の数が1000人以下の法人

(2) 要件

Point 中小企業者等は２人以上の増加を

雇用促進税制の適用にあたっては、以下の①～⑥の各要件をすべて満たす必要があります。

① 解雇者の不存在

前期及び当期（適用事業年度）に事業主都合による離職者（つまり解雇者）がいないこと

前期とは、当期開始の日前１年以内に開始した事業年度をいいます。

② 増加人数について

基準雇用者数（増加人数）が５人以上（中小企業者等については２人以上）であること

基準雇用者数とは、当期末の雇用者数から前期末の雇用者数を引いた数です。

■ 基準雇用者数の計算式

③　増加率について

基準雇用者割合（増加率）が10％以上であること

基準雇用者割合は、基準雇用者数を前期末の雇用者数で除した数です。

■　基準雇用者割合の計算式

ただし、前期末の雇用者数が０人である場合には、この要件は不要となります。

④　支給額について

給与等支給額が比較給与等支給額以上であること

給与等支給額は、当期の所得の金額の計算上損金の額に算入される給与等（雇用者に対して支給するものに限られる。退職手当等は含まない。また、高年齢雇用者に対するものは除く）の支給額をいいます。なお、比較給与等支給額は、次の算式により計算した額をいいます。

■　比較給与等支給額の計算式

前期の月数と当期の月数が異なる場合には、所要の調整が必要です。

⑤　対象事業について

雇用保険法５条１項に規定する適用事業（一定の事業を除く）を行っていること

⑥　計画の達成について

公共職業安定所に雇用促進計画の提出を行い、都道府県労働局または公共職業安定所で、前記①から④までの要件についての確認を受け、その際交付される雇用促進計画の達成状況を確認した旨の書類の写しを確定申告書に添付すること

⑶　平成28年４月１日以後に開始する事業年度についての追加要件

Point　平成28年４月以降は要注意

ただし、以上の要件は平成23年４月１日から平成28年３月31日までの間に開始する各事業年度についてのものであり、平成28年度税制改正により、平成28年４月１日以後に開始する事業年度については、次の要件が追加されています。そのため、東京や大阪などの都市部に所在する法人の事業所では、雇用促進税制を適用されなくなりますので、要注意です。

①　適用年度開始の日において地域雇用開発促進法７条に規定する同意雇用開発促進地域（※）内に所在する法人の事業所において、当該適用年度に新たに雇用され、その事業年度終了の日において、その事業所に勤務する雇用者の数として所定の証明がなされること

②　上記①の新たに雇用された雇用者が正社員（つまり、パートやアルバイトの有期や短期の雇用者ではなく、フルタイムの無期雇用者）であること

※　同意雇用開発促進地域とは、求職者数に比して雇用機会が著しく不足している地域のことであり、平成29年10月１日時点で27道府県80地域がこれに当たるとされています[10)]。

10）厚生労働省「地域雇用開発促進法に基づく地域の要件と支援措置について」（http://www.mhlw.go.jp/bunya/koyou/chiiki-koyou_02.html, 平成30年１月18日最終閲覧）。

⑷　税額控除限度額

Point　1人につき40万円

税額控除限度額は基準雇用者数に40万円を乗じた金額です。平成25年度税制改正により、平成25年4月1日以後に開始する事業年度から、基準雇用者数1人当たりの税額控除限度額が20万円から40万円に増額されました。

ただし、平成23年4月1日から平成28年3月31日までの間に開始する各事業年度に限ります。平成28年4月1日以後に開始する事業年度については、「特定地域基準雇用者数」に40万円を乗じた金額となり、特定地域基準雇用者数は前記⑶の要件を満たす雇用者数をいいます。

また、その税額控除限度額が当期の法人税額の10％（中小企業者等については20％）相当額を超える場合には、その相当額が限度となります。

なお、この雇用促進税制は、平成27年8月10日施行の改正地域再生法により拡充されている点もあります。詳細は「29 地方拠点強化税制」（210頁）を参照して下さい。

⑸　具体例

図表5-3（202頁）の雇用者の状態にある中小企業者の税額控除を計算してみます。

ただし、前記⑵の①、⑤、⑥及び平成28年4月1日以後に開始する事業年度については前記⑶の①、②の要件を満たしているものとします。

〈図表５－３〉中小企業者の例

	期首従業員数	退職者数	新規採用者数	期末従業員数	給与支給額合計
前期	15人	2人	0人	15人	6000万円
当期	13人	0人	4人	17人	6400万円

＊　前期の従業員の年収は各400万円とし、退職者は前期末に退職したものとする。また、当期の新規採用者数の１人当たりの年収を各300万円とする。

＊　高年齢雇用者はいないものとする。

（要件の検討）

①　増加人数について

基準雇用者数が２人以上であること

基準雇用者数　＝　当期末の雇用者数　－　前期末の雇用者数

当期末の雇用者数　17人
前期末の雇用者数　15人
∴17人－15人＝２人　≧２人

②　増加率について

基準雇用者割合が10％以上であること

基準雇用者割合　＝　基準雇用者数　÷　前期末の雇用者数

基準雇用者数　２人
前期末の雇用者数　15人
∴２人÷15人＝13.3％　≧10％

③　支給額について

> 当期の給与等支給額が比較給与等支給額以上であること
> 　　比較給与等支給額　＝　前期の給与等の支給額
> 　　　　＋（前期の給与等の支給額×基準雇用者割合×30%）

当期の給与等支給額　6400万円
前期の給与等支給額　6000万円
基準雇用者割合　13.3%
∴6000万円＋(6000万円×13.3%×30%)＝6239万4000円
≦6400万円

よって、すべての要件を満たしますので、雇用促進税制の適用が可能です。

そして、税額控除限度額は、80万円（＝40万円×２人）となります（ただし、法人税額の20%の上限を考慮していない）。

3　所得拡大促進税制

(1)　概要

Point　給与等の増額の場合を対象に

所得拡大促進税制は、青色申告書を提出している法人が平成25年４月１日から平成30年３月31日までの間に開始する各事業年度において、国内雇用者に対して給与等を支給する際、適用対象年度の給与支給額や平均給与支給額などに基づく一定の要件を満たす場合に税額控除が認められる制度です（租特法42条の12の４）。

この所得拡大促進税制は、平成25年度に創設された税制ですが、その後、複数回にわたり改正がなされています。

(2) 要件

Point 適用事業年度に要注意

この制度の適用を受けるためには、次の①から③までの要件をすべて満たしている必要があります。ただし、以下の要件は、平成29年４月１日現在の法令等に基づくものですが、適宜、改正の経過などに触れることとします。

①　増加率について

雇用者給与等支給額が、基準事業年度（平成25年４月１日以後に開始する各事業年度のうち最も古い事業年度開始の日の前日を含む事業年度をいう）の所得の金額の計算上損金の額に算入される国内雇用者に対する給与等の支給額（以下「基準雇用者給与等支給額」という）より一定の割合以上増加していること

■　増加率の基準

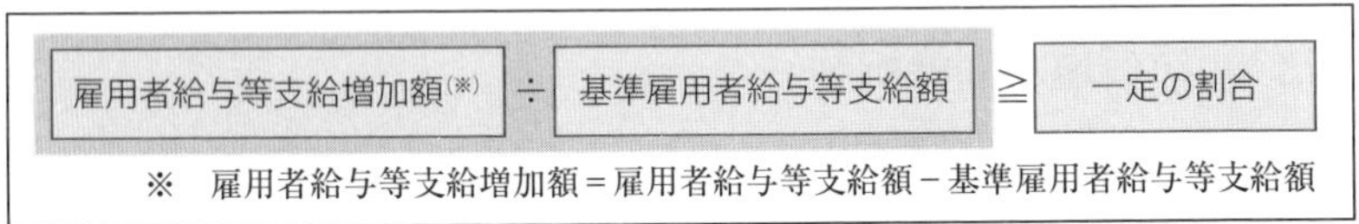
雇用者給与等支給増加額(※) ÷ 基準雇用者給与等支給額 ≧ 一定の割合

※　雇用者給与等支給増加額＝雇用者給与等支給額－基準雇用者給与等支給額

ここで、「一定の割合」とは、創設時においては一律５％とされていましたが、その後の改正を経て、現在は図表５-４のとおりとなっています。

〈図表５-４〉一定の割合

H25.4.1からH27.3.31までに開始する事業年度	２％
H27.4.1からH28.3.31までに開始する事業年度	３％
H28.4.1からH29.3.31までに開始する事業年度	４％ 中小企業者等は３％
H29.4.1からH30.3.31までに開始する事業年度	５％ 中小企業者等は３％

ところで、雇用者給与等支給額とは、この制度の適用を受けようとする事業年度の所得の金額の計算上、損金の額に算入される国内雇用者に対する給与等の支給額をいい、その給与等に充てるため他の者（その法人との間に連結完全支配関係がある他の連結法人を含む）から支払いを受ける金額がある場合には、その金額を控除した金額となります。

なお、基準事業年度とは、平成25年４月１日以後に開始する各事業年度のうち最も古い事業年度開始の日の前日を含む事業年度をいうところ、例えば毎年３月31日期末の会社の場合には平成25年３月31日期の事業年度をいい、例えば毎年９月30日期末の会社の場合には平成25年９月30日期の事業年度をいいます。

②　総額について

適用事業年度の雇用者給与等支給額が、前事業年度の所得の金額の計算上損金の額に算入される国内雇用者に対する給与等の支給額以上であること

■　総額の基準

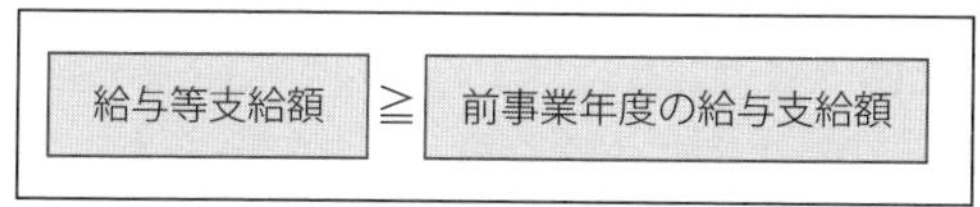

③　平均額について

適用事業年度の平均給与等支給額が前事業年度の平均給与等支給額を超えていること

■　平均額の基準

ただし、中小企業者等以外の事業者で、平成29年４月１日以後に開始する事業年度については、単に超えていることだけでは足りず、２％以上増加していることが必要です。

また、平成25年４月１日以後に開始し平成26年４月１日前に終了する事業年度においては、上記の「超えている」という部分は「以上であること」とされていました。

ところで、平均給与等支給額とは、雇用者１人当たりの月平均給与額をいいます。

本制度創設時点においては、この平均給与等支給額は国内雇用者（日雇い労働者を除く）に対する給与等支給額や雇用者数を用いて計算することとされていました。しかし、給与水準の比較的高い高齢者が退職する一方で、給与水準の比較的低い若年者が新規採用された場合などには、実質的には給与水準が改善されたとしても、比較事業年度の給与平均が適用事業年度の給与平均よりもなお高いという場合が少なくなく、この平均額での要件を満たすことにかなりのハードルがありました。そこで、平成26年度税制改正により、このような場合にもより適切な比較ができるように、平均額の算定にあたっては、「継続雇用者に対する給与等」で計算することとされました。

すなわち、平成26年４月１日以後に開始する事業年度においては、平均給与等支給額は、「継続雇用者（適用を受けようとする事業年度及び前事業年度において給与等の支給を受けた国内雇用者）に対する給与等支給額÷適用の月別継続雇用者数の合計人数」により算出された額とされています。なお、継続雇用者に対する給与等の支給額が０の場合には、１とされます。

(3)　税額控除限度額

Point　原則は増加額の10％

税額控除限度額について、まず、平成29年３月31日以前に開始する事業年度については、雇用者給与等支給増加額（雇用者給与等支給額から基準雇用者給与等支給額を控除した金額をいう）の10％相当額（ただし、法人税額の10％（中小企業者等については20％）相当額が限度）とされていました。

次に、平成29年４月１日以後に開始する事業年度についての税額控除限度額は、次のとおりとされています。

①　中小企業者等以外

適用事業年度の平均給与等支給額が前事業年度の平均給与等支給額を２％以上増加している場合には、雇用者給与支給増加額の10％相当額に、その前事業年度からの増加額（これを比較雇用者給与等支給増加額という）の２％相当額を加算した金額とされています。

ただし、その税額控除限度額がその事業年度の法人税額の10％相当額が限度となります。

②　中小企業者等

原則として、雇用者給与等支給増加額の10％相当額とされています。

ただし、適用事業年度の平均給与等支給額が前事業年度の平均給与等支給額を２％以上増加している場合には、上記の雇用者給与等支給増加額の10％相当額に加えて、比較雇用者給与等支給増加額の12％相当額を加算した金額とされています。

ただし、その税額控除限度額がその事業年度の法人税額の20％相当額が限度となります。

⑷　雇用促進税制と重複適用する場合

Point　平成28年度税制改正により重複適用が可能に

元々、雇用促進税制と所得拡大促進税制との重複適用は禁止されていましたが、平成28年度税制改正により、この禁止措置が廃止されました。

すなわち、平成28年４月１日以後に開始する事業年度については、特定の地域において雇用者の数が増加した場合の法人税額の特別控除の規定（雇用促進税制）の適用を受ける場合には、雇用者給与等支給増加額は、同制度の規定する特定地域基準雇用者数、地方事業所基準雇用者数及び地方事業所特別基準雇用者数の算定の基礎となった者に対する給与等の支給額として一定の方法により計算した金額を控除した金額とされています。

(5) 具体例

図表５－５の雇用者数及び給与支給額等の状態にある中小企業者の税額控除を計算してみます。

〈図表５－５〉中小企業者の例

	期首従業員数	退職者数	新規採用者数	期末従業員数	給与支給額合計	月別支給対象者数の合計数
基準事業年度 H24.4.1～ H25.3.31	15人	１人 （500万円）	１人（300万円）	14人	5500万円	
前事業年度 H28.4.1～ H29.3.31	18人	２人 （500万円）	０人	16人	5600万円	204人 ＝（16人×12か月） ＋（２人×６か月）
適用事業年度 H29.4.1～ H30.3.31	18人	１人 （500万円）	２人 （300万円）	17人	5700万円	186人 ＝（15人×12か月） ＋（１人×６か月）

＊　中小企業者を前提とする。
＊　退職者はすべて基準事業年度から雇用されていた者として、該当の事業年度の９月30日で退職したものとする。
＊　新規採用者はすべて該当の事業年度の４月１日で採用されたものとし、期首従業員数は該当の事業年度での新規採用者数を含むものとする。
＊　カッコ内の金額は該当欄の者の１人当たりの年収額とする。

①　増加率について

雇用者給与等支給増加額　÷　基準雇用者給与等支給額　≧　３％

雇用者給与等支給増加額　5700万円－5500万円＝200万円
基準雇用者等支給額　　　5500万円
∴　200万円÷5500万円＝3.63%　≧３％

②　総額について

雇用者給与等支給額　≧　比較雇用者給与等支給額

雇用者給与等支給額　　　5700万円
比較雇用者給与等支給額　5600万円

∴　5700万円　≧5600万円

③　平均額について

平均給与等支給額　＞　比較平均給与等支給額

平均給与等支給額　　　5700万円÷186人＝30万6451円
比較平均給与等支給額　5600万円÷204人＝27万4509円
∴　30万6451円　＞27万4509円

そして、この平均額の増加額は３万1942円であるところ、前事業年度比で11.63％増加しています。

よって、いずれの要件も満たします。

したがって、税額控除限度額は、雇用者給与等支給増加額200万円（5700万円－5500万円）の10％相当額である20万円のほか、適用年度の平均給与等支給額が前事業年度の平均給与等支給額を２％以上増加していることから、その前事業年度からの増加額である比較雇用者給与等支給増加額（100万円）の12％相当額（12万円）を加算した金額、すなわち、32万円となります。ただし、法人税額の20％の上限は考慮していません。

29 地方拠点強化税制

オフィス減税の創設と雇用促進税制の拡充 ～ 移転型と拡充型

1 はじめに

⑴ 改正地域再生法の成立

Point 東京一極集中の是正

平成27年度税制改正大綱において、人口の東京への過度な集中を是正するためには、地方の企業において雇用の場を確保し、人材を定着させることが必要であるとして、地方公共団体における計画的・戦略的な企業誘致の取組みと相まって、企業がその本社機能等を東京圏から地方に移転したり、地方においてその本社機能等を拡充する取組みを支援するため、本社等の建物に係る投資減税を創設するとともに、雇用の増加に対する税額控除制度（雇用促進税制）の特例を設けるとされていました。

そして、その後の国会での審議の末、地域再生法の一部を改正する法律案が平成27年６月19日に可決・成立し、公布を経て、同年８月10日に施行されています。

⑵ 制度の枠組み

Point 「地方活力向上地域特定業務施設整備計画」を作成し知事の認定を受ける

改正地域再生法では、まず、国が作成した基本方針に基づき、都道府県が「地域再生計画」を作成することとなりますが、肝心なことは、この「地域再生計画」の中に後述の「地方活力向上地域特定業務施設整備事業」が記載されるということです。

そして、国から認定を受けた都道府県の作成した「地域再生計画」に基づき、事業者が「地方活力向上地域特定業務施設整備計画」を作成し、それにつき都道府県知事から認定を受けることにより、地方拠点強化税制の適用を受けることができる、ということとなります。

ここで、事業者が作成する「地方活力向上地域特定業務施設整備計画」とは、地方拠点強化税制の適用を受ける事業者に対して作成が義務付けられる計画書類のことです。この計画には、産業及び人口の過度の集中を防止する必要がある地域及びその周辺の一定の地域（これを集中地域といい、東京・大阪・名古屋など大都市を指す）以外の地域での計画であることが必要です。

そして、その地域の活力の向上を図ることが特に必要な地域（これを地方活力向上地域という）において、本店または主たる事務所その他の地域における就業の機会の創出または経済基盤の強化に資する業務施設（これを特定業務施設という）を整備する事業に関する事項のほか、実施時期、雇用する従業員の数、事業を実施するために必要な資金の額及び調達方法などを定めることとなります。

この「地方活力向上地域特定業務施設整備計画」を作成した事業者は、都道府県知事からその計画が適当である旨の認定を受けることとなります。

(3)　特定業務施設の整備の方法

Point　移転型と拡充型の２通りが

特定業務施設の整備の方法としては、以下の２通りがあります。

①　移転型

集中地域のうち特定業務施設の集積の程度が著しく高い地域として政令で定めるものから、特定業務施設を認定地域再生計画に記載されている地方活力向上地域に移転して整備する事業

（例）　東京23区にある本社機能を地方（地方活力向上地域）に移転し、特定業務施設を整備する事業

② 拡充型

認定地域再生計画に記載されている地方活力向上地域（産業基盤が整備されていることその他の内閣府令で定める要件に該当するものに限る）において特定業務施設を整備する事業（前記①を除く）

（例）　地方にある本社機能[※]を拡充し、特定業務施設を整備する事業

※　本社機能とは、調査・企画部門、国際事業部門等を有する事務所、研究開発施設、研修施設などの事業所をいい、工場及び当該地域を管轄する営業所等は含みません。

(4) 地方拠点強化税制

Point　オフィス減税と雇用促進税制の拡充

地方拠点強化税制には、地方拠点強化実施計画に沿った建物等の取得についての特別償却や税額控除（いわゆる「オフィス減税」）と、従前の「雇用促進税制」の拡充の２つの税制があります。

2 オフィス減税

(1) 概要

Point　特別償却か、税額控除か

オフィス減税は、地方活力向上地域特定業務施設整備計画に基づき取得ないし建設した建物等について、その事業の用に供した事業年度において、特別償却（移転型の場合は25%、拡充型の場合は15%）または税額控除（移転

型の場合は７％、拡充型の場合は４％）を受けることができる制度です。これは、法人、個人ともに適用があります。

ただし、以下の要件に注意が必要です。

⑵ 要件

Point 計画認定のほか、時期と規模に注意を

オフィス減税の要件は、基本的には次のとおりです。

① 適用対象者

青色申告書を提出する法人及び個人で、平成27年８月10日から平成30年３月31日までの期間内に地域再生法に規定する地方活力向上地域特定業務施設整備計画について所定の認定を受けたものが対象となります。

② 適用対象物件

地方活力向上地域特定業務施設整備計画に記載された特定業務施設に該当する建物及びその附属設備並びに構築物（以下「特定建物等」という）で、次の規模のものが対象となります。

ア　中小企業者以外

一の特定建物等の取得価額の合計額が2000万円以上のもの

イ　中小企業者

一の特定建物等の取得価額の合計額が1000万円以上のもの

ただし、所有権移転外リース取引により取得した特定建物等については、対象となりません。

③ 取得または建設に係る要件

①の計画の認定を受けた日から同日の翌日以後２年を経過する日までの間に、特定建物等でその建設の後事業の用に供されたことのないものを取得し、

または当該計画に記載された特定建物等を建設して、これを当該事業の用に供した場合（ただし、貸付けの用に供した場合を除く）には、対象となります。

④　適用事業年度

法人の場合は、特定建物等を事業の用に供した日を含む事業年度（解散（合併による解散を除く）の日を含む事業年度及び清算中の事業年度を除く）が対象となります。

個人の場合は、特定建物等を事業の用に供した日の属する年（事業を廃止した日の属する年を除く）の年分が対象となります。

⑶　効果

前記⑵の各要件を満たした場合は、次のとおり、特別償却または税額控除の効果が発生することとなります。

①　特別償却の場合

ア　計画が移転型の場合 …… 特定建物等の取得価額の25％相当額

イ　計画が拡充型の場合 …… 特定建物等の取得価額の15％相当額

確定申告書等に特定建物等の償却限度額の計算に関する明細書の添付が必要です。

②　税額控除の場合

ア　計画が移転型の場合 …… 特定建物等の取得価額の７％相当額

イ　計画が拡充型の場合 …… 特定建物等の取得価額の４％相当額

ただし、調整前の所得税額または法人税額の20％相当額が上限となります。

また、確定申告書等、修正申告書または更正請求書に、控除の対象となる特定建物等の取得価額、控除を受ける金額及び当該金額の計算に関する明細を記載した書類の添付が必要です。

なお、税額控除について、平成29年４月１日以降は、移転型につき４％、拡充型につき２％にそれぞれ引き下げられる予定でしたが、平成29年度税制改正により、従前の控除率（移転型につき７％、拡充型につき４％）が維持されました。

3　雇用促進税制の拡充

(1)　概要

Point　整備計画により税額控除が増額

青色申告書を提出する法人が、平成27年８月10日（改正地域再生法施行日）から平成30年３月31日までの間に整備計画について認定を受けた場合で、その認定の日の翌日から２年以内の日を含む事業年度において、従来の雇用促進税制の要件の全部または一部を満たす場合には、「拡充型」と「移転型」に応じて、それぞれ従来の雇用促進税制の税額控除額よりも多くの控除が受けられることとなっています。

なお、これらの拡充措置を受けるためには、確定申告書等に、雇用促進計画の達成状況等を都道府県労働局などにより確認された旨の書類の写しや、基準雇用者数や控除を受ける金額などの計算に関する明細を記載した書類を添付する必要があります。

(2)　拡充型の場合

Point　１人当たり50万円に増額

まず、従来の雇用促進税制の要件をすべて満たす場合、従来の１人当たりの税額控除額である40万円が50万円に増額されています。

また、従来の雇用促進税制の要件のうち、増加率（10％以上）の要件以外の５つの要件を満たす場合にも、従来ではそもそも税額控除が認められていなかったところ、１人当たり20万円の税額控除が認められることとなっています。

なお、この場合の増加人数（１人当たりの税額控除額を乗ずる対象人数）は、地方事業所基準雇用者数とされ、整備計画に従って地方活力向上地域において整備した特定業務施設のみをその法人の事業所とみなした場合の基準雇用者数として証明された数をいいます。ただし、法人全体の純増数が上限となります。

また、税額控除の控除限度額は、法人税額の30％に相当する金額から、従来の雇用促進税制による税額控除の金額といわゆるオフィス減税による税額控除の金額との合計額を控除した金額とされています。

⑶　移転型の場合

Point　さらに30万円の上乗せ

移転型の整備計画について認定を受けた場合には、前記⑵のとおりの要件を満たすことにより、拡充型の税額控除（50万円または20万円）に加えて、さらに１人当たり30万円の税額控除が認められることとなっています。

なお、この場合の増加人数（１人当たりの税額控除額を乗ずる対象人数）は、地方事業所特別基準雇用者数とされ、整備計画に従って地方活力向上地域に移転して整備した特定業務施設のみをその法人の事業所とみなした場合の基準雇用者数として証明された数の合計数をいいます。

ただし、地方事業所特別基準雇用者数または基準雇用者数が減少した場合には、その減少した事業年度以後の事業年度には適用されません。

また、税額控除の控除限度額については、法人税額の30％に相当する金額から、従来の雇用促進税制による税額控除の金額とオフィス減税による税額控除の金額と拡充型による税額控除の金額の合計額を控除した金額とされています。

(4)　平成29年度税制改正

Point　1人当たりの控除額がさらに増額

平成29年度税制改正により、移転型・拡充型共通のものとして、税額控除額について、平成29年4月1日以降は、以下のとおり、地方事業所基準雇用者数に乗じる金額が増額されたほか、その乗じる雇用者数にもバリエーションが設けられることとなりました。ただし、控除限度額には変更はありません。

①　増加率（10%以上）の要件を満たす場合

ア　地方事業所基準雇用者数（ここには、移転した者と新規雇用者を含む）のうち、無期雇用かつフルタイムの新規雇用者については、1人当たり60万円となります。

イ　無期雇用かつフルタイムの新規雇用者以外の新規雇用者数の40%相当に達するまでの数の者と、地方事業所基準雇用者のうち移転者については、1人当たり50万円となります。

ウ　無期雇用かつフルタイムの新規雇用者以外の新規雇用者数の40%を超える部分の数の者については、1人当たり40万円となります。

②　増加率（10%以上）の要件を満たさない場合

ア　地方事業所基準雇用者数（ここには、移転した者と新規雇用者を含む）のうち、無期雇用かつフルタイムの新規雇用者については、1人当たり30万円となります。

イ　無期雇用かつフルタイムの新規雇用者以外の新規雇用者数の40%相当に達するまでの数の者と、地方事業所基準雇用者のうち移転者については、1人当たり20万円となります。

ウ　無期雇用かつフルタイムの新規雇用者以外の新規雇用者数の40%を超える部分の数の者については、1人当たり10万円となります。

〈図表5－6〉雇用促進税制

①特定業務施設における増加雇用者に対して1人あたり最大60万円税額控除
（ただし、法人全体の増加雇用者数を上限）（拡充型事業と同様の支援措置）

②上記①に加え、東京23区からの転勤者を含む特定業務施設の増加雇用者１人あたり30万円の税額控除を追加
（②は最大３年間継続。ただし、特定業務施設の雇用者数又は法人全体の雇用者数が減少した年以降は不適用）

適用要件	✓ 適用年度中に雇用保険一般被保険者の数が5人（中小企業者*２人）以上増加 ✓ 適用年度及びその前事業年度中に事業主都合による離職者がいないこと ✓ 適用年度における「支払給与額」が、その前事業年度よりも、一定以上増加等
適用期間	平成30年3月31日までに移転・拡充先となる都道府県知事の認定が必要
限度額	雇用促進税制とオフィス減税合わせて当期法人税額の30%

	1年目	2年目	3年目
①	最大60万円		
②	30万円	30万円	30万円

初年度　１人最大　90万円
３年間　１人最大150万円

＊ 中小企業者とは、租税特別措置法に定義される中小企業者をいいます。

出所：内閣府地方創生推進事務局「～地方での本社機能の移転・拡充を検討されている事業者の皆様へ～地方拠点強化税制」４頁

30 損害賠償金の税務上の取扱い

損害賠償金が従業員に対する貸付金として処理されることも

1 原則的取扱い

(1) 損害賠償金を支払う場合

Point 支払確定時に損金計上

法人税法上、法人が他の者に対し損害を与えたことにより支払う損害賠償金は損金の額に算入されます（法人税法22条３項）。

そして、その損金の額に算入される時期については、裁判等のほか、和解や示談などによってその支払いが確定したときとされるのが原則です。

(2) 損害賠償金を受領する場合

Point 受領確定時に益金計上

法人税法上、法人が他の者から損害を受けたことにより受領する損害賠償金は益金の額に算入されます（法人税法22条２項）。

そして、その益金の額に算入される時期については、その支払いを受けることが確定したときとされるのが原則です。

2 例外的取扱い

(1) 損害賠償金を支払う場合

① 損金計上の例外

Point 損金ではなく、従業員に対する債権として計上すべき場合も

他に損害を与えた場合といっても、その損害発生の原因には、それが業務上で発生したものなのかどうかなど様々なケースが考えられます。また、損害発生の原因が役員や従業員の行為にある場合においても、何らの制限もなく損金に計上することとなれば、色々と問題が出てきます。

そこで、役員や従業員の行為に起因する損害賠償金については、①法人の業務の遂行に関連するかどうか、②役員や従業員に故意または重過失があるかどうか――により、図表5-7のとおり、取扱いが異なっています（法基通9－7－16）。

つまり、法人の業務の遂行に関連するもので、かつ、役員や従業員に故意または重過失がない場合（㋑）は、原則どおり損金計上が可能なのですが、それ以外の場合（㋐、㋒、㋓）は、法人の損金計上は認められず、役員や従業員に対する貸付金等の債権として計上することとなっています。

なお、重過失とは、「重大な過失」の略であり、注意義務違反の程度の甚

〈図表5-7〉損害賠償金の計上

		法人の業務の遂行に関連するかどうか	
		する	しない
役員や従業員に故意または重過失があるかどうか	ある	㋐ 損金計上とはせず、役員や従業員に対する債権（貸付金等）として計上	㋒ 損金計上とはせず、役員や従業員に対する債権（貸付金等）として計上
	ない	㋑ 原則どおり損金計上	㋓ 損金計上とはせず、役員や従業員に対する債権（貸付金等）として計上

だしい過失を意味します。少しの注意をもってすれば結果として発生が避けられたような場合をいい、通常の過失（対比して「軽過失」と呼ぶこともある）よりも責任が重いとされています。

Point　役員や従業員に請求（求償）しない場合は損金処理が認められることも

ところで、法人の役員や従業員に対する債権として処理されたとしても、諸事情により、法人が実際にはその役員や従業員にその債権の支払いを求めない（求償しない）ケースは少なくないと思われます。

このように法人が役員や従業員に対して求償しない場合には、当該役員や従業員の支払能力等からみて求償できない事情のために、その全部または一部に相当する金額を貸倒れとして損金経理をしたときは、損金処理が認められます。ただし、貸倒れとして損金経理した金額のうち、当該役員や従業員の支払能力等からみて回収が確実であると認められる部分の金額については、これを当該役員や従業員に対する給与（または賞与）とするとされています(法基通９－７－17)。

②　計上時期の例外

Point　分割払いはそれぞれの支払うべき日に計上

前掲の図表5-7の㋑の場合の損害賠償金等の損金の額への算入時期は、次のとおりです（法基通２－２－13)。

i　当該事業年度終了の日までにその賠償すべき額が確定した場合、その確定した日に計上

ii　当該事業年度終了の日までにその賠償すべき額が確定した場合で、それを年金（年ごとの分割）として支払う場合には、その年金の額は、これを支払うべき日の属する事業年度に計上

iii　当該事業年度終了の日までにその賠償すべき額が確定しない場合に

は、その日までにその額として相手方（被害者）に申し出た金額に相当する金額（ただし、保険金等により補塡されることが明らかな部分の金額を除く）は、未払金として計上すれば当該事業年度の損金に計上

なお、自動車による人身事故に係る内払いの損害賠償金については、示談の成立等による賠償全体の額の確定前においても、その支出の日の属する事業年度の損金の額に算入できます。

ただし、この場合には、当該損金の額に算入した損害賠償金に相当する金額の保険金は益金の額に算入する必要があります（法基通9－7－18）。

(2)　損害賠償金を受領する場合

Point　例外的に受領した日に算入することも可能

損害賠償金を受領する場合、前述のとおり、支払いを受けることが確定した日の属する事業年度の益金の額に算入するのが原則です。ただし、例外として、法人が実際に支払いを受けた日の属する事業年度の益金の額に算入している場合には、これを認めることとされています（法基通2－1－43）。

Point　役員や従業員から支払いを受ける場合は要注意

ところが、前記法基通2－1－43は、加害者が当該会社の役員や従業員の場合で、その役員や従業員から損害賠償金を受領する場合には適用はないとしています。

法人税法上、ある収益をどの事業年度に計上すべきかは、「一般に公正妥当と認められる会計処理の基準」に従うべきとされているところ（法人税法22条4項）、その収入すべき権利が確定したときの属する事業年度の益金に計上すべきものとされています。これを権利確定主義といいます。

もっとも、不法行為による損害賠償請求権については、例えば加害者を知ることが困難であったり、賠償額などの権利内容を把握することが困難であ

ったりと、直ちには権利行使（権利の実現）を期待することができないことが想定されます。

このようなことから、法基通２－１－43は、第三者による不法行為に基づく損害賠償金について、その行使を期待することが困難な事例が往々にしてみられることに着目した規定であると理解されています[11)]。

ところが、加害者が当該会社の役員や従業員である場合には、第三者である場合よりも、損害賠償金の存在・内容等を把握し得ず、直ちに権利行使が期待できないといった事情は比較的乏しいといえます。

過去には、会社の代表者が横領した事件に関し、会社は横領行為と同時に横領金額と同額の損害賠償金を取得するから、その同じ事業年度の益金に計上すべきであるとされた事例があり[12)]、このことからも、法基通２－１－43は役員や従業員が加害者の場合には適用されないと理解しておくのが無難といえるでしょう。ただし、従業員の場合にはなお議論があります（ケース２（225頁）参照）。

3　ケーススタディ

●ケース１

当社（事業年度：４月１日から翌３月31日）は、精密機器の販売を業としていますが、平成29年５月１日、当社従業員が取引先に赴くため自動車を運転中、前方不注視の過失により被害者に全治５か月の重傷を負わせてしまいました。

当社は、被害者と示談交渉をし、同年８月31日、解決金として1000万円を支払うことで示談しました。もっとも、当社としては、資金繰りが厳しい状況にあったことから、1000万円を直ちに一括で支払うことができませんでした。そこで、交渉の末、示談成立の日に500万円を支払い、

11）東京高裁平成21年２月18日判決、税資259号順号11144。
12）最高裁昭和43年10月17日第一小法廷判決、税資53号659頁。

残金500万円については、平成30年８月31日に250万円、平成31年８月31日に250万円をそれぞれ支払うことで被害者から了解を得ることができました。

この示談金1000万円は、税務上、どのように処理すればよいでしょうか（ただし、自動車保険は考慮外とする）。

まず、従業員の行為は、取引先に赴くため自動車を運転していた途中で発生したものですので、業務の遂行に関連するものといえると思われます。そして、従業員に故意または重過失がなければ、当社の支出する損害賠償金は損金の額に算入されます。

なお、例えば、従業員の行為が、休日に勝手に当社の自動車を使って事故を起こしたなどのように業務の遂行に関連しない場合には、従業員に対する債権として計上することとなります。また、業務の遂行に関連するものであっても、従業員に故意または重過失があった場合なども同様となります。

次に、このケースでは、示談金を分割にて支払っており、なおかつ、事業年度をまたがって年金として支払っています。

したがって、まず、平成29年８月31日に支払った500万円は平成29年４月１日から平成30年３月31日の事業年度の損金の額に算入され、残り500万円は、法基通２－２－13により、250万円ずつがその支払った日の属する事業年度ごとに損金の額に算入されることとなります。

もっとも、このような分割払いが会社における利益操作などによるものといった事情が認められる場合には、1000万円全額を平成29年４月１日から平成30年３月31日の事業年度の損金の額に算入すべきということも考えられるでしょう。

●ケース２

当社（事業年度：４月１日から翌３月31日）は、ビルの清掃等を業としていますが、当社の従業員が平成28年５月から同年12月までに外注費を架空計上し、架空であることを秘して上司である取締役の決裁を受け、その架空外注費に相当する金額を詐取していたところ、そのことが平成29年５月の税務調査により発覚しました。

当社は、平成29年11月、当該従業員との間で、損害賠償金100万円を弁済するという内容の示談をし、直ちに100万円を受領しました。

この場合、当社は、この損害賠償金を平成29年度（平成29年４月１日から平成30年３月31日）の事業年度の益金に計上することはできるでしょうか。

法基通２－１－43の規定によれば、法人が実際に支払いを受けた日の属する事業年度（平成29年度）の益金の額に算入することは可能なように思われます。

しかしながら、一般に、この法基通２－１－43は、加害者が当該会社の役員や従業員の場合には適用されないとしています。

もっとも、加害者が役員の場合には、その加害行為と同時に損害賠償金の請求が可能であるといえるのに対し、加害者が従業員の場合で秘密裏に加害行為を行った場合には、法人がその加害行為を知らない段階では損害賠償金を請求するのを求めることは酷である場合があることは否定できないでしょう。

このように、当該加害行為がなされた客観的状況に照らし、通常人を基準にしても、当該損害賠償金の存在・内容等を把握し得ず、権利行使が期待できないといえる場合には、当該加害行為のあった事業年度の益金に計上しない（つまり、権利行使ができる状態になった事業年度に計上する）取扱いが許される、というのが前掲東京高裁平成21年２月18日判決（223頁）です。

この判決では、経理担当取締役が預金口座からの払戻し及び外注先への振込依頼について決裁する際に従業員が持参した正規の振込依頼書をチェックしさえすれば容易に発覚するものであったとして、加害行為がなされた事業年度の益金に計上すべきであると判断されました。

本ケースも、これと同じような状況であれば、平成29年度の事業年度に計上することは許されず、平成28年度に計上すべきことになると思われます。

31 企業における保険税務

損害賠償金と保険金との対応関係に注意

1 はじめに ～様々な保険によるリスクヘッジ

労働災害の場合、法定の補償はあるものの、それだけでは十分な補償が困難な場合は少なくなく、例えば、労働者が重度の後遺障害を負った場合や死亡した場合などでは、事業主が多額の負担を強いられる場合があります。

そのような場合に備えて企業は保険を利用することで一定のリスクヘッジ（リスクを回避したり軽減すること）を図るケースがあります。

そして、そのような保険は多種多様に存在していますが、大きくは損害保険と生命保険に大別されます。

そこで、まずは、損害保険と生命保険における保険料の支払いや保険金の受取りの際の法人における税務上の取扱いについて、その概要を解説します。

もっとも、保険には様々なものがあり、すべての保険について当てはまるものではありませんので、個別具体的な取扱いの詳細については税理士にご相談下さい。

2 損害保険

(1) 概要

Point 偶発事故による損害を補償

損害保険は、一般に偶発事故により生じた損害を補償する保険であり、災害や事故、損害賠償などの事業活動に伴う潜在的リスクに対応するための多くの種類の保険があります。

そして、労働災害やそれに伴う事業主の損害賠償責任に備える保険（いわゆる上乗せ保険や企業内補償）としては、例えば、傷害保険や労災総合保険などがあります。

傷害保険は、一般に事故によるケガに限定された保険であり、比較的多く利用されている保険と思われます。労災総合保険は、一般に法定外補償保険と使用者賠償責任保険とがセットになった保険をいい、労災事故によって従業員が障害を負ったり、死亡した場合及び事業主が民事上の損害賠償責任を負った場合に保険金が支払われる保険をいいます。

⑵　保険料の取扱い

Point　保険期間が３年以上の場合は要注意

法人が損害保険の保険料を支払った場合には、原則として、一般に公正妥当と認められる会計処理の基準に従って、支払保険料のうち未経過分を除いては、その支払った日の属する事業年度の損金の額に算入します。

ただし、長期の損害保険（保険期間が３年以上で、かつ、その保険期間満了後に満期返戻金（契約が満期まで有効に存続し保険料全額の払込みが完了している場合に支払う金銭）を支払う旨の定めのある損害保険）について保険料を支払った場合には、その支払保険料のうち積立保険料に相当する部分の金額は、保険期間の満了または保険契約の解除もしくは失効のときまでは資産に計上するものとされ、その他の部分（危険保険料及び付加保険料に相当する部分）の金額は期間の経過に応じて損金の額に算入することとされています（法基通９－３－９）。

これは、短期の損害保険の保険料がいわゆる掛捨てが原則であるのと異なり、長期の損害保険は満期時に満期返戻金の支払いがなされるため、取扱いが異なっているのです。

なお、支払保険料の額のうち、積立保険料の額とその他の部分の額との区分は、保険証券に添付されている書類や保険料の案内書などに従うこととなります。

また、長期の損害保険に係る月払いまたは年払いの保険料については、その支払保険料のうち積立保険料に相当する部分を除き、短期の前払費用の取扱い（法基通２－２－14）の適用があるため、原則として、経過・未経過の区分を問わず、その支払った日の属する事業年度の損金の額に算入できます。

⑶　保険金の受取時の取扱い

Point　益金算入とともに積立部分は損金算入

保険事故の発生により保険金の支払いを受けた場合には、原則として、その支払いを受けた保険金の金額を益金に算入するとともに、資産に計上している積立保険料の金額を損金の額に算入することとなります。

3　生命保険

⑴　概要

Point　労災のみならず私傷病による補償も

生命保険は、主には被保険者の死亡や生存などを保険事故とする保険ですが、従業員の福利厚生はもちろんのこと、労働災害やそれに伴う事業主の損害賠償責任の備えとしてのいわゆる上乗せ保険や企業内補償などとして利用されることが少なくないと思われます。また、保険金の支給要件としては、労災事故などに限定されませんので、いわゆる私傷病を原因とする場合であっても支給されることとなります。

(2) 保険料の取扱い

Point 保険の種類に応じて取扱いが異なる

生命保険の保険料の支払いの取扱いについて、法基通などでは主に、養老保険、定期保険、長期平準定期保険、逓増定期保険、定期付養老保険――について規定されています。

以下、これらの保険契約の保険料の取扱いについて解説しますが、積立保険料部分は資産に計上され、危険保険料部分は損金（ただし、従業員に対する給与とみなされる場合がある）に計上されるという考え方が基本にあります。

①　養老保険

役員または従業員を被保険者として、その死亡または生存を保険事故とする生命保険をいいます（図表5-8参照、法基通９－３－４）。

②　定期保険

一定期間内における被保険者の死亡を保険事故とする生命保険をいいます（図表5-9参照、法基通９－３－５）。

③　長期平準定期保険

定期保険のうち保険期間が長期にわたる定期保険をいいますが、保険期間が長期のため、その間の各年の保険料が平準化している関係で、保険期間の前半に相当多額の前払保険料部分が含まれていることとなり、支払保険料を単純に期間の経過に応じて損金算入することに問題がある場合があります。

そこで、保険期間満了時の被保険者の年齢が70歳を超え、かつ、保険加入時の被保険者の年齢に保険期間の２倍を加えた数が105を超える定期保険の保険料については、図表5-10のような取扱いとなっています（法人税個別通達平成20年２月28日課法２－３「法人が支払う長期平準定期保険等の保険料の取扱いについて」）。

④　逓増定期保険

長期平準定期保険と同様、支払保険料を単純に期間の経過に応じて損金算入することに問題がある場合がありますので、保険期間の経過により保険金額が５倍までの範囲で増加する定期保険のうち、保険期間満了時の被保険者の年齢が45歳を超える保険の保険料については、図表５-11（232頁）のような取り扱いになっています（前掲「法人が支払う長期平準定額保険等の保険料の取扱いについて」）。

〈図表５-８〉養老保険

死亡保険金の受取人	生存保険金の受取人	保険料の取扱い
法人	法人	資産計上
被保険者の遺族	被保険者	給与
被保険者の遺族	法人	２分の１は資産計上 残額は期間の経過に応じて損金算入（※）

※　ただし、役員または特定の従業員のみを被保険者とする場合は給与とされます。

〈図表５-９〉定期保険

死亡保険金の受取人	保険料の取扱い
法人	期間の経過に応じて損金算入（※）
被保険者の遺族	

※　ただし、役員または特定の従業員のみを被保険者とする場合は給与とされます。

〈図表５-10〉長期平準定期保険

支払期間の区分	保険料の取扱い
保険期間の前半６割相当の期間	保険料の２分の１を損金算入 保険料の２分の１を資産計上
保険期間の後半４割相当の期間	保険料の全額を損金算入し、資産計上した分を残りの期間に応じて取り崩して損金算入

〈図表５-11〉逓増定期保険

保険の区分	支払期間の区分	保険料の取扱い
保険期間満了時の被保険者の年齢が45歳を超えるもの（次欄以降のものを除く）	前半６割相当の期間	２分の１を損金算入 ２分の１を資産計上
	後半４割相当の期間	全額損金算入し、 資産計上分を取り崩し
保険期間満了時の被保険者の年齢が70歳を超え、かつ、保険加入時の年齢に保険期間の２倍を加えた数が95を超えるもの（次欄のものを除く）	前半６割相当の期間	３分の１を損金算入 ３分の２を資産計上
	後半４割相当の期間	全額損金算入し、 資産計上分を取り崩し
保険期間満了時の被保険者の年齢が80歳を超え、かつ、保険加入時の年齢に保険期間の２倍を加えた数が120を超えるもの	前半６割相当の期間	４分の１を損金算入 ４分の３を資産計上
	後半４割相当の期間	全額損金算入し、 資産計上分を取り崩し

⑤　定期付養老保険

定期保険と養老保険とが組み合わされた保険ですので、養老保険に係る保険料部分は「①**養老保険**」の取扱いの例により、定期保険に係る保険料部分は「②**定期保険**」の取扱いの例によります。

ただし、それぞれの保険料の区分がされていない場合は、その保険料の全額が養老保険に係る保険料として取り扱われます（法基通９－３－６）。

⑶　保険金の受取時の取扱い

Point　基本的に損害保険の場合と同様

保険事故が発生し、法人が保険金を受領した場合の取扱いについては、保険料の支払いとは異なり、一部を除いて法基通等では規定されていないため、一般的に公正妥当と認められる会計処理の基準に従って処理されることとなります。

そして、一般に、法人が満期保険金または死亡保険金を受け取った場合には、その保険金を益金の額に算入するとともに、資産に計上してある積立保険料の額を損金の額に算入することとなります。

もっとも、受け取った保険金が、特約保険部分に係るものである場合には、給付金を受け取ったとしても主契約には変動はありませんので、受け取った給付金を益金に算入するのみとなり、保険積立金の取り崩しはありません。

4　損害賠償金と保険金との関係

Point　損害賠償金と保険金との対応関係に注意

一般に、法人が他人に与えた損害について損害賠償をする場合のその賠償金については、原則として、その支払うべき額が確定した時点ではじめて具体的に債務が確定したといえることから、そのときに損金算入するものとされています。

一方、損害賠償金の全部または一部が保険金によって補填される場合、原則として、その保険金は前述のとおり益金に算入されます。

そして、損害賠償金の損金算入と保険金収入とは対応計算が求められますので、原則としては、損害賠償金を損金算入した場合には保険金を益金算入する必要があるとされています。

ところで、損害賠償金については、事業年度終了の日までに賠償すべき額が確定しない場合であっても、同日までにその額として相手方に申し出た金額に相当する金額は、未払金に計上し当該事業年度の損金に算入することが認められています（法基通２－２－13）。ただし、前述のとおり保険金収入との対応計算が求められますので、仮に損害賠償金を未払金として計上する場合には、保険金も見積計上すべきこととなります。これに対し、保険金について確定時まで益金計上しないのであれば、これにより補填されるべき金額に相当する損害賠償金についても損金算入を見合わせるべきこととなります。

32 出張旅費に関する税務

会社内外で適正なバランスを

1 基本的な事項について

Point 通常必要であると認められる旅費は非課税

従業員や役員が「勤務する場所を離れてその職務を遂行するため旅行をし、若しくは転任に伴う転居のための旅行をした場合又は就職若しくは退職した者若しくは死亡による退職をした者の遺族がこれらに伴う転居のための旅行をした場合に、その旅行に必要な支出に充てるため支給される金品〔筆者注：交通費、宿泊費、日当などの旅費〕で、その旅行に通常必要であると認められるもの」（所得税法９条１項４号）は、非課税とされています。

要するに、出張先などへ移動するのに「通常必要であると認められる」金額を従業員や役員に支給したとしても、それは従業員や役員への給与所得などとしては課税されない、ということです。

Point 会社内外で適正なバランスを

ここで「通常必要であると認められる」かどうかについては、「旅行の目的、目的地、行路若しくは期間の長短、宿泊の要否、旅行者の職務内容及び地位等からみて、その旅行に通常必要とされる費用の支出」かどうかで判断され、その判断においては、さらに、以下を考慮すべきとされています（所基通９−３）。

(1)　その支給額が、その支給をする使用者等〔会社などの事業主〕の役員及び使用人〔従業員〕の全てを通じて適正なバランスが保たれてい

る基準によって計算されたものであるかどうか
(2)　その支給額が、その支給をする使用者等〔会社などの事業主〕と同業種、同規模の他の使用者等が一般的に支給している金額に照らして相当と認められるものであるかどうか

(注)〔　〕内は筆者注。

Point　旅費規程は必須

ここで留意すべきことは、まず、当該会社内での全体におけるバランスがとれていることが必要とされていることから、予め旅費に関する規程を設けておくことが重要であるということです。次に、同業他社とのバランスがとれていることも必要とされていることから、それらの規程の制定にあたっては同業他社との基準にも配慮する必要があるということです。

中小企業などにおいては、このような旅費に関する規程を設けていないケースも多々見受けられることから、税務上のトラブルを防止するためにも規程の制定ないし見直しが重要といえます。

なお、産労総合研究所による「2017年度 国内・海外出張旅費に関する調査」[13]によれば、規模・業種を問わず９割前後の企業が国内宿泊出張の日当を支給しており、その平均支給額（全地域一律の場合）は役職別で、社長4799円、部長クラス2809円、一般社員2222円、また宿泊料の平均支給額は役職別で、社長１万4242円、部長クラス9870円、一般社員8723円ということです。これらの調査資料も規程制定にあたり参考になると思われます。

Point　課税される場合の所得区分

ところで、非課税とされる旅費の範囲を超えるものについては、その超え

13) 産労総合研究所「2017年度 国内・海外出張旅費に関する調査」2017年10月27日（http://www.e-sanro.net/research/research_jinji/shanaiseido/shuccho/pr1710.html，平成30年１月18日最終閲覧）。

る部分の金額は、それぞれ次に掲げる所得に区分されます（所基通９－４）。

⑴　給与所得を有する者が勤務する場所を離れてその職務を遂行するためにした旅行

………　給与所得

⑵　給与所得を有する者が転任に伴う転居のためにした旅行

………　給与所得

⑶　就職をした者がその就職に伴う転居のためにした旅行

………　雑所得

⑷　退職をした者がその退職に伴う転居のためにした旅行

………　退職所得

⑸　死亡による退職をした者の遺族がその死亡による退職に伴う転居のためにした旅行

………　退職所得

Point　会社における処理、役員の場合は要注意

これらの旅費のうち、従業員に対して支給された旅費については、給与所得などとして課税・非課税を問わず、会社において必要経費として損金処理することができます（ただし、給与所得などとして課税される場合は源泉徴収が必要となる点に留意する必要あり）。

これに対し、役員に対して支給される旅費については、給与所得などとして課税されない場合は、必要経費として損金処理することができますが、課税される場合は、通常は定期同額給与などには該当せず損金処理はできません。

2 海外出張の場合

(1) 基本的な取扱い

Point 業務遂行上の必要性と金額の相当性

基本的には前記１で解説した国内出張の場合と同様ですが、海外出張の場合には、国内に比べて観光的要素の入り込む余地が大きく、また、金額も多額になることも多いため、法基通で各種の規定が置かれています。

すなわち、「法人がその役員又は使用人〔筆者注：従業員〕の海外渡航に際して支給する旅費（仕度金を含む。）は、その海外渡航が当該法人の業務の遂行上必要なものであり、かつ、当該渡航のため通常必要と認められる部分の金額に限り、旅費としての法人の経理を認める」とされています（法基通９－７－６。傍点筆者）。

ところで、前述の産労総合研究所による「2017年度 国内・海外出張旅費に関する調査」によれば、海外出張における日当や宿泊料の平均支給額について、例えば、円建てで支給している企業の東南アジア地域の場合、役員（平取締役）では日当7026円、宿泊料１万6654円、課長クラスでは日当5352円、宿泊料１万3590円、一般社員では日当4677円、宿泊料１万2760円となっています。

(2) 業務遂行上の必要性の判断

Point 同業者団体主催は要注意

ところで、「業務の遂行上必要なもの」とは、どのように判断されるのでしょうか。

この点について通達では、その旅行の目的、旅行先、旅行経路、旅行期間等を総合勘案して実質的に判定するものとされていますが、次に掲げる旅行は、原則として法人の業務の遂行上必要な海外渡航に該当しないとされています（法基通９－７－７）。

> ⑴　観光渡航の許可を得て行う旅行
> ⑵　旅行あっせんを行う者等が行う団体旅行に応募してする旅行
> ⑶　同業者団体その他これに準ずる団体が主催して行う団体旅行で主として観光目的と認められるもの

ただし、上記⑴～⑶に該当する旅行であっても、「その海外渡航の旅行期間内における旅行先、行った仕事の内容等からみて法人の業務にとって直接関連のあるものがあると認められるときは、法人の支給するその海外渡航に要する旅費のうち、法人の業務にとって直接関連のある部分の旅行について直接要した費用の額は、旅費として損金の額に算入する」とされています（法基通９－７－10）。

Point　同伴者の旅費は例外的に損金算入可

役員が海外出張する場合、親族などを同伴させる場合が少なくありませんが、その場合、原則としては、その同伴者にかかる旅費はその役員に対する給与とされます。

ただし、その同伴が、例えば次に掲げる場合のように、明らかにその海外渡航の目的を達成するために必要な同伴と認められるときは、その旅行について通常必要と認められる費用は給与とはされず、旅費として損金算入できるとされています（法基通９－７－８）。

> ⑴　その役員が常時補佐を必要とする身体障害者であるため補佐人を同伴する場合
> ⑵　国際会議への出席等のために配偶者を同伴する必要がある場合
> ⑶　その旅行の目的を遂行するため外国語に堪能な者又は高度の専門的知識を有する者を必要とするような場合に、適任者が法人の使用人〔筆

者注：従業員〕のうちにいないためその役員の親族又は臨時に委嘱した者を同伴するとき

(3)　私的観光を行った場合の旅費の計算方法

Point　全期間を通じて必要性が明らかな場合は全額旅費経理

まず、「その海外渡航が旅行期間のおおむね全期間を通じ、明らかに法人の業務の遂行上必要と認められるものである場合には、その海外渡航のために支給する旅費は、社会通念上合理的な基準によって計算されている等不当に多額でないと認められる限り、その全額を旅費として経理することができる」とされています（法基通９－７－６(注)）。

Point　私的観光がある場合は按分を

しかし、海外出張の場合、観光を行うなど、法人の業務の遂行上必要とは認められない行程を経ることは少なくありません。その場合はどのように処理されるのでしょうか。

この点、通達では、まず、「その海外渡航に際して支給する旅費を法人の業務の遂行上必要と認められる旅行の期間と認められない旅行の期間との比等によりあん分し、法人の業務の遂行上必要と認められない旅行に係る部分の金額については、当該役員又は使用人〔筆者注：従業員〕に対する給与とする」とされています（法基通９－７－９本文）。

例えば、往復の交通費が20万円、渡航先での滞在日数が４日間で、その４日間の宿泊費等が合計40万円であった場合で、そのうち３日間が業務遂行上必要な行程であり、残る１日間が業務遂行上必要でない行程（例えば私的な観光）であった場合には、次のような処理となります。

■　私的観光を行った場合の旅費計算の具体例①

□旅費…（20万円＋40万円）×３日÷４日＝45万円

■給与…（20万円＋40万円）×１日÷４日＝15万円

Point　直接の動機が業務遂行のためであれば交通費は全額旅費経理

これに対し、海外渡航の直接の動機が特定の取引先との商談や契約の締結など法人の業務の遂行のためであり、その渡航を機会に観光を併せて行うものである場合には、その往復の旅費（その取引先の所在地等その業務を遂行する場所までのものに限る）は、法人の業務の遂行上必要と認められるものとして、その往復の旅費以外の金額につき、按分を行うこととされています（法基通９－７－９但書）。

前記の例でいえば、次のような処理となります。

■　私的観光を行った場合の旅費計算の具体例②

□旅費…20万円＋40万円×３日÷４日＝50万円

■給与…40万円×１日÷４日＝10万円

33 研修費等にまつわる税務

研修費等が給与として課税される場合も

1 基本的な取扱い

(1) 研修や教育訓練に要する費用

Point 業務遂行上必要か否か

会社や個人事業主（以下、単に「会社」という）が、その業務遂行上の必要に基づいて、役員や従業員に対し、その職務に直接必要な技術や知識を習得させたり、免許や資格を取得させるための研修会、講習会等の出席費用または大学等における聴講費用に充てるものとして支給する金品については、これらの費用として適正なものに限り、課税しなくても差し支えないとされています（所基通36－29の２）。

この通達の趣旨は、これらの研修会や講習会等の出席費用や聴講費用などは、そもそも会社がその従業員等に、その職務遂行に必要な技術、知識等を習得させ、それによって職務内容の質的向上を図るためのものであることから、それによって当該従業員等が知識や資格等を習得したとしても、単に個人的なものにとどまらず、いわゆる社内研修によって技術、知識等を習得したことと本質的には異ならない、という点にあります。したがって、会社がその業務遂行上の必要性に基づき支給する金品がその使途、金額等からみて適正なものである場合には、従業員等の給与等として課税しなくても差し支えないことを明らかにしたものとされています。

もっとも、会社の福利厚生の一環として会社が従業員等の自己啓発のため通信教育のメニューを提供したり、従業員が受講した通信教育費用を負担したりするなどの場合、このような給付は職務に直接必要なものでなければ、この通達の適用はなく、給与等として課税されることとなります[14)]。

なお、給与等として課税される場合、会社はその給与等について源泉徴収をする必要があります。

(2) 学資金

Point 従業員等への学資金は原則給与として課税

ところで、一般に、奨学金などの「学資に充てるため給付される金品」は、所得税法上、非課税とされています（所得税法９条１項15号）。

しかしながら、そのような金品であっても、「給与その他対価の性質を有する学資金」については、課税の対象となっています。

ただし、平成26年度税制改正により、「給与その他対価の性質を有する学資金」であっても、「通常の給与に加算して受ける学資金」については非課税とする扱いへと改正されています。

この改正の背景には、地方公共団体が地域の医師確保対策のために医学生等に貸与した学資金について、その地方公共団体が指定する医療機関に一定期間勤務するなどすれば、その貸与学資金の返還を免除するという取扱いがなされていたものの、その免除要件が必ずしも統一されていなかったために、厚生労働省の改正要望により、そのような貸与学資金については一定の条件を満たせば一律に免除するように見直された、ということがあります。

そして、この改正は、医師が受けた債務免除に限定したものではないため、一般企業が早期に採用した学生に対して貸与した学資金についても、入社後その学資金の返還を免除することによって生じる債務免除益について、この改正により非課税として取り扱って差し支えないとされます。

ただし、貸与を受ける者がその会社の役員である場合や、従業員の配偶者や親族等の場合には、課税される取扱いとされますので、注意を要します（所

14）三又修 他編『所得税基本通達逐条解説（平成29年版）』（以下「逐条解説」という）（大蔵財務協会）330-331頁参照。

得税法9条1項15号イ～ニ)。

なお、どのような学資金が対象となるかについては、前述の所基通36－29の2で規定されている費用に該当するか否かにより判断することとなります。

2 具体的な取扱い

(1) 自動車運転免許の取得や更新手数料

Point 業務遂行上必要であれば非課税

会社の業務遂行上、自動車を運転することを必要とする従業員等については、その従業員等について自動車の運転免許の資格を取得するための費用を会社が負担した場合、原則として給与等としての課税はされないものとして差し支えありません。

また、運転免許証の更新手数料についても、業務上自動車を運転することが必要とされる従業員であれば、その資格を継続するために必要な費用として、同じく給与等としての課税はされないものとして差し支えありません。

(2) 海外赴任の場合の語学研修費用

Point 配偶者への支給は要注意

まず、会社が従業員等を海外赴任させる場合に、赴任前の従業員等に対し、語学研修に必要な費用を支給することは、会社の業務遂行上直接必要な知識を習得させるためのものですので、その費用が適正であれば、原則として給与等としての課税はされないものとして差し支えありません。

では、その従業員等の配偶者のための語学研修費用はどうでしょうか。

この点、従業員が配偶者を伴って赴任するかどうかはその従業員の任意であると考えた場合、会社の業務遂行上の必要性に基づき支給するものには該当しないと思われますので、原則としては給与等として課税されるといえるでしょう。

ただし、海外赴任する従業員の配偶者は、例えば、公的行事に参加したり、自宅で接待したりすることも少なくないと思われますので、そのようなことが具体的に予定される場合には、会社の業務遂行上の必要性に基づくものと考えられ、適正な範囲のものであれば給与等としての課税はされないものとして差し支えないと思われます。

また、赴任先が英語圏以外の国であれば、一般に会社の業務遂行上の必要性はより高まるといえますので、給与等としての課税はされない範囲も比較的広く捉えられるものと思われます。

⑶　採用内定者に対する支給

Point　一般的な技術習得の場合は課税

例えば、会社が、採用内定者に対し、パソコンの技術や知識の習得等のための費用を負担する場合があります。また、このような場合、採用内定者が入社しなかった場合や入社後一定期間内に退職した場合などには、会社が負担した費用相当額を返還させるといった例があります。

まず、パソコンの習得等は、今やどの会社でも必要不可欠な技術であり、採用後の業務とは無関係に一般的な技術の習得といえるでしょう。したがって、採用後の業務遂行上直接必要な技術の習得には該当しないと思われます。

そして、このような費用について、採用内定者が入社しなかった場合や入社後一定期間内に退職した場合などに会社が負担した費用相当額を返還させるといった条件が付されていた場合は、その費用を支払った時点では採用内定者に対する金銭の貸与といえ、その者が入社してから一定期間経過後にその貸金債務を免除したとして取り扱われるべきものといえます。したがって、その貸金債務を免除した時点で、その者に対する給与等として課税されることとなりますので、源泉徴収が必要となります。

34 値引販売にまつわる税務

値引販売は全体のバランスを考慮

1 基本的な取扱い

(1) 値引販売が給与として課税されない場合

Point おおむね70％以上の価額で

会社が、その役員や従業員に対し、その会社が取り扱う商品、製品等（ただし、有価証券や食事は除く）の値引販売をすることにより供与する経済的利益で、次の要件のいずれにも該当する値引販売により供与するものについては、課税しなくても差し支えないとされています（所基通36－23）。

> (1) 値引販売に係る価額が、会社の取得価額以上であり、かつ、通常他に販売する価額に比し著しく低い価額（通常他に販売する価額のおおむね70％未満）ではないこと。
> (2) 値引率が、役員若しくは従業員の全部につき一律に、又はこれらの者の地位、勤続年数等に応じて全体として合理的なバランスが保たれる範囲内の格差を設けて定められていること。
> (3) 値引販売をする商品等の数量は、一般の消費者が自己の家事のために通常消費すると認められる程度のものであること。
>
> （注）「使用者」を「会社」、「使用人」を「従業員」に読み替えて記載。

この通達は、会社が、役員または従業員に対し、その会社が取り扱う商品等の値引販売を行うことにより、その役員または従業員が受ける経済的利益については、その値引販売が前記(1)～(3)のいずれにも該当するものであれば、一般的な値引販売であり、経済的利益の額が少額であること、一般の顧客に対しても行われる場合があることから、課税上の弊害がないものとして課税しないこととしたものです。

しかし、この通達の趣旨は、あくまでも上記のとおり少額不追求などにあることから、例えば、その対象商品が不動産業者における土地や建物などの一般に高額なものについては、社会通念上福利厚生の範囲を超えるものといえますので、このような商品等については、前記の(1)～(3)の要件を満たすものであっても、課税の対象とされます[15)]。

なお、この通達の対象とされる商品等には「有価証券」と「食事」は含まれません。「有価証券」は換金性の高いものであることから福利厚生の範囲を超えるものとされ、また、「食事」については別途の規定（所基通36－24、36－38、36－38の２）でその取扱いが定められているからです。「食事」については、第２章「２ 給与所得とは」（12頁）を参照して下さい。

(2)　３要件を満たさない場合

Point　給与として課税

所基通36－23の３要件を満たさない場合には、その商品等の値引販売による利益（実際の販売価額と時価との差額）が給与として課税されることとなります。

ここで、商品等の評価、つまり、会社が役員や従業員に対して支給する商品、製品等の物については、その支給時における次に掲げる価額により評価することとされています（所基通36－39）。

(1)　当該物が会社において通常他に販売するものである場合には、当該会社の通常の販売価額

15）三又修 他編、前掲『逐条解説』324頁参照。

⑵　当該物が会社において通常他に販売するものでない場合には、当該物の通常売買される価額。ただし、当該物が、役員又は従業員に支給するため会社が購入したものであり、かつ、その購入時からその支給時までの間にその価額にさして変動がないものであるときは、その購入価額によることができる。

（注）「使用者」を「会社」、「使用人」を「従業員」に読み替えて記載。

したがって、会社が製造業者であれば製造業者としての販売価額により、卸売業者であれば卸売価額により、また、小売業者であれば小売価額により評価することとなります。

ところで、季節商品の時季外れなどで通常他に販売する価額（一般販売価額）が取得価額未満となっている場合に、その一般販売価額で役員や従業員に対して販売したとしても、それは値引販売とはいえませんから所基通36－23の適用はありません。

もっとも、この場合には所基通36－39により一般販売価額により評価されることとなりますので、その価額をもって役員や従業員に販売しても、結局、経済的利益は生じないこととなります。

2　具体的な取扱い

⑴　住宅の値引販売

Point　少額不追求の趣旨に沿わない

建売住宅の販売を業とする会社が、その会社で販売している建売住宅を従業員が居住用として購入する場合に、通常の販売価額の70％相当額で販売することとした場合、所基通36－23の適用はあるでしょうか。

そもそも所基通36－23の規定は、一般的に行われている値引販売については利益の額が少額であること、値引販売は一般の顧客に対して行われる場合があること等を考慮して設けられています。

そのため、①経済的利益の額が極めて多額で、少額不追求の趣旨に沿わないこと、②不動産は一般の消費者が自己の生活において通常消費するようなものでないこと、からこのようなケースでは所基通36－23の適用はないと考えるべきです。

したがって、通常の販売価額との差額である30％相当額は、その従業員の給与として課税されることとなります。

⑵　販売した後の値引相当額の現金支給

Point　実質が値引販売であれば課税しなくても差し支えない

通常値引販売というと、購入価額自体を一定程度減額することをいいますが、例えば、従業員が会社の取り扱う商品を通常他に販売する価額で購入した場合に、その従業員に対し、購入後に、予め定められた値引率10％に基づく値引相当額を交付することとした場合、所基通36－23の適用はあるでしょうか。

このようなケースにおいては、その実質は値引販売と変わらないことから、明らかに給与に代えて支給されたと認められず、そのような方法が単に事務の簡素化を図ることなどを目的とした場合であれば、所基通36－23を適用して、給与としての課税をしなくても差し支えないものと思われます。

⑶　セール時の値引販売

Point　セール時の価額を基準に

通常他に販売する価額が5000円の商品（仕入原価2500円）について、いわゆるセールを実施することとし、その販売価額を4000円としたことに加えて、そのセール期間の従業員に対する値引販売の価額を3000円とした場合には、所基通36－23の適用はあるでしょうか（図表5-12参照）。

〈図表5-12〉セール時の値引販売

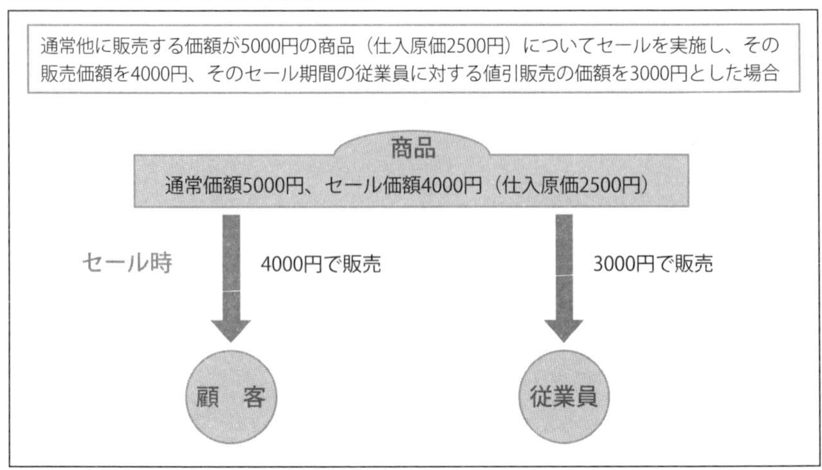

通常他に販売する価額が5000円ですので、これと比較すると、3000円という価額は値引割合が30％を超えていますので、所基通36－23の３要件のうちの１つ目の要件を満たさないとも思われます。

しかし、あくまでも従業員に対する3000円での値引販売がセール期間中に限られている場合には、その時点での通常他に販売する価額としては4000円を基準としても差し支えないと思われます。

そうすると、値引割合は30％の範囲内に収まりますし、仕入原価である2500円も超えていますので、所基通36－23の適用があり、従業員が受ける経済的利益については給与としての課税をしなくて差し支えないものと思われます。

⑷　カフェテリアプランの取扱い

Point　ポイント制でも課税される場合も

カフェテリアプランとは、一般には、会社が予め様々な福利厚生を趣旨とするサービスメニューを用意し、従業員がそのメニューの中から自分が好むサービスを選んで利用する制度のことであり、ワークスタイルの多様化に伴って日本においても導入する会社が増加しつつあるといわれています。ちなみに、カフェテリアプランという名称は、好きな飲み物や食べ物をチョイスできるカフェテリアに似ていることに由来しているといわれています。

このようなカフェテリアプランには、会社が従業員一人ひとりに一定のポイントを与え、従業員が自己のポイントの範囲内で、福利厚生サービスを選択する方針が多いようで、その方式は、会社にとってコスト管理がしやすいほか、従業員にとっても自己のニーズに合ったサービスの利用ができることや受けられるサービスの個人差が少なくなるというメリットがあるといわれています。

ところで、このようなカフェテリアプランによって従業員が受ける経済的利益については、その福利厚生の内容が様々なものであるため、従来から現に受けるサービスの内容によって課税、非課税を判断すべきであるとされています。

そのような中、例えば、会社が自社製品を従業員に対して通常販売価額の70％相当額で値引販売している場合で、この値引販売価額からさらにカフェテリアプランのポイントを利用して自社製品を購入することができるとしている場合、所基通36－23の適用はあるのでしょうか。

この点、値引販売価額が通常販売価額の70％相当額ですので、ここからさらにポイントを利用するとなれば、値引率は実質30％を超えることとなります。

したがって、所基通36－23の適用はなく、原則としては値引額全体が課税対象となると思われます。もっとも、自社製品を一定の条件で値引販売することが確立している場合には、個人が負担すべき購入代価を会社が負担した部分、つまり、ポイント利用相当額のみを課税対象とすることは差し支えないものと思われます。

第6章

その他の税務処理

35 事業承継税制

中小企業の事業承継問題に非上場株式の納税猶予制度を

1 はじめに

(1) 相続税・贈与税の納税猶予

Point　２つの法律で成り立っている

事業承継税制を語るのに欠かせない法律は、「租税特別措置法」と「中小企業における経営の承継の円滑化に関する法律（以下「経営承継円滑化法」という）」です。

中小企業の事業承継にあたって最も大きな問題となるのが、非上場株式を後継者へ引き継ぐ際にかかる相続税または贈与税の負担です。平成21年度税制改正で創設された事業承継税制は、この相続税や贈与税の納税を猶予するというのが目玉となっています。これは租特法70条の７に規定されています。

もっとも、非上場株式の後継者へのいかなる承継についても相続税や贈与税の納税が猶予されるというわけではありません。「経済産業大臣の認定」を受けた会社の株式等に限られます。

この「経済産業大臣の認定」を受けるための要件ないし手続が規定されているのが平成20年10月１日に施行された「経営承継円滑化法」です。

つまり、「経営承継円滑化法」が経済産業大臣の認定を受けるための要件ないし手続を規定しており、「租税特別措置法」がその経済産業大臣の認定を受けた会社の株式の後継者への承継についての相続税や贈与税の納税猶予を受けるための要件ないし手続を規定している――という建付けになります。

なお、この「経済産業大臣の認定」はこれまで各地の経済産業局が窓口となっていましたが、平成29年４月１日から都道府県に変更になっています。

⑵　遺留分

Point　経営承継円滑化法では遺留分に関する民法の特例を設ける

事業承継において問題となるのは相続税や贈与税の負担だけではありません。遺留分の問題も不可避となっています。

亡くなった人（被相続人）の相続財産のうちの一定割合[1)]が遺留分とされており、被相続人が遺言などにより特定の相続人に相続財産のほとんどを相続させた場合、民法では、遺留分を侵害された他の相続人はその侵害分を取り戻すことができることとなっています（これを遺留分減殺請求という）。

例えば、中小企業Ｘ社の経営者Ａには２人の子（Ｂ、Ｃ）がおり、ＡはＸ社の株式100％（仮にこれをすべての相続財産とする）を保有していたとします。ＢとＣはＡの直系卑属であるため、ＢとＣの遺留分はそれぞれ４分の１ずつ（株式25％ずつ）となります。

そして、Ａは自ら保有するＸ社の株式100％をすべてＢに相続させる旨の遺言をした場合、Ａ死亡後、ＣはＢに対し、侵害された遺留分である株式25％をＣに戻せという請求ができるのです。

そうなると、Ａが描いていた事業承継計画の実現はこの遺留分減殺請求によって阻まれることとなります。そこで、そのようなことにならないように経営承継円滑化法では、遺留分に関する民法の特例を設けています。

⑶　金融支援

Point　事業承継の問題は納税だけではない

後継者が事業を承継する場合、納税の問題だけではなく、事業用資産の取得などの問題もあります。

１）直系尊属のみが相続人である場合は３分の１、その他の場合は２分の１とされ（ただし、兄弟姉妹にはない）、各相続人は各自の法定相続分に応じた権利を有します。

そこで、経営承継円滑化法では、中小企業信用保険法の特例、株式会社日本政策金融公庫法及び沖縄振興開発金融公庫法の特例といった資金調達面での制度も創設されています。

2 経済産業大臣の認定の対象会社

Point 業種・資本金・従業員数などで判断

経済産業大臣の認定を受けるためには、いわゆる中小企業（経営承継円滑化法では「中小企業者」と呼ばれる）であることが必要であり、次の要件に該当することが必要です。

① 図表6-1の中小企業者（個人も含む）であること
② 上場会社等ではないこと
③ その他経営承継円滑化法施行規則に定める要件を満たすこと（資産保有型会社ではないことなど）

〈図表6-1〉中小企業者の要件（経営承継円滑化法）

	業　種	資本（出資）金		従業員数
1	製造業、建設業、運輸業その他の業種（2～4の業種を除く）	3億円以下	または	300人以下
2	卸売業（5～7の業種を除く）	1億円以下	または	100人以下
3	サービス業（5～7の業種を除く）	5000万円以下	または	100人以下
4	小売業（5～7の業種を除く）	5000万円以下	または	50人以下
5	ゴム製品製造業（自動車または航空機用タイヤ及びチューブ製造業並びに工業用ベルト製造業を除く）	3億円以下	または	900人以下
6	ソフトウエア業又は情報処理サービス業	3億円以下	または	300人以下
7	旅館業	5000万円以下	または	200人以下

3 納税猶予の概要

(1) 経済産業大臣の確認

Point 「認定」の前に「確認」を

前述のとおり、納税猶予を受けるには経済産業大臣の認定を受ける必要がありますが、経営承継円滑化法の制定当初は、その認定を受けるための1つの要件として「経済産業大臣の確認」を受ける必要が原則としてありました。

この「経済産業大臣の確認」とは、実際に贈与や相続が開始する前に、認定を受けようとする中小企業者が計画的な事業承継に取り組み、いわゆる後継者争いを防止し、円滑な事業承継を可能とするための第一歩として設けられている要件です。ただし、相続税に関しては、例えば、先代経営者が60歳未満で死亡した場合などの一定の場合には、例外として不要とされていました。

その後、経営承継円滑化法の改正により、平成25年4月1日からは、この「経済産業大臣の確認」は認定要件から外れています。

(2) 相続税の納税猶予

Point 課税価格の80%に対応する税額が猶予に

相続税の納税猶予制度は、後継者である相続人が中小企業者（非上場会社）を経営していた先代経営者（被相続人）から、その株式（猶予対象株式）等を相続または遺贈を受けたとき、その後継者が納付すべき相続税額のうち、その猶予対象株式等に係る課税価格の80%に対応する相続税の納税が猶予される制度です。

ただし、猶予対象株式等は、先代経営者が相続開始前からすでに保有していた議決権株式等を含めて発行済議決権株式等の3分の2が上限となっており、相続開始後に経済産業大臣の認定を受けることのほかに、５年間の事業継続、株式の継続保有、従業員の８割以上の雇用継続、相続税額及び利子税に相当する担保の提供などの要件も満たす必要があります。

そして、この猶予対象株式等を保有していた相続人が死亡した場合や、次の後継者へさらに贈与した場合などには、一定の要件を満たせば、猶予されていた相続税が全額免除されることとなります。

⑶　贈与税の納税猶予

Point　一括贈与の場合などに限定

贈与税の納税猶予制度は、中小企業者（非上場会社）の先代経営者がその保有する株式（猶予対象株式）等を後継者へ贈与した場合、後継者の贈与税が全額猶予される制度をいいます。

猶予対象株式等の上限、経済産業大臣の認定、事業継続、株式保有継続、雇用継続、担保提供などの要件は相続税の猶予制度とほぼ同じですが、贈与税の納税猶予の場合には、一括贈与であること、先代経営者は役員を退任していること、後継者は20歳以上で役員就任から３年以上経過していることなど、さらに要件が厳しくなっています。

もっとも、この贈与税の納税猶予は、贈与者（先代経営者）が死亡して相続が開始した場合には、猶予対象株式等は相続により取得したものとみなされて、相続財産に合算されることとなります。そして、その相続財産に対する相続税について、一定の要件（経済産業大臣の切替確認など）を満たせば、さらに納税猶予を受けることができます。

⑷　要件の緩和

Point　当初の要件が徐々に緩和されている

前述のとおり、相続税の納税猶予にせよ、贈与税の納税猶予にせよ、そのための要件が当初はかなり厳しいものであり、使い勝手が悪いと受け取られ、利用実績が低迷していました。そのため、以下のとおり、徐々にこれらの要件が緩和されてきています。

①　平成27年改正

ア　雇用確保要件の緩和

当初、適用後５年間の各年において、適用開始時における雇用従業員の８割以上を維持する必要があったところ、適用後５年間において、平均して雇用の８割以上を維持すればよいこととなりました。

イ　役員退任要件の緩和

贈与税の納税猶予について、当初、先代経営者は贈与時に役員を退任する必要がありましたが、贈与時に代表者を退任すればよいこととなり、給料を受領することが可能となりました。

②　平成29年改正

ア　雇用確保要件のさらなる緩和

いわゆる８割要件について、相続開始時または贈与時の常時使用従業員数に100分の80を乗じて計算した数に１人に満たない端数がある場合、これを切り捨てて計算することができることとなります（改正前は切り上げて計算）。

イ　中小企業者・非上場株式等の要件の緩和

認定時の要件として、対象会社が中小企業者であること及び対象株式が非上場株式等であることが要件とされていたところ、贈与後に対象会社が成長し、贈与者の死亡時に大会社または上場会社になった場合には相続税の納税猶予への切替が認められず、相続税が課税されることになっていました。この点、贈与後に対象会社が成長し、大会社または上場会社になった場合でも、相続税の納税猶予への切替が認められることとなります。

ウ　災害等の場合の雇用確保要件の緩和

災害等による経営環境の激変時において、雇用確保要件が免除されるなどの要件の緩和がなされます。

エ　相続時精算課税制度の選択

一定の要件により、相続時精算課税制度による贈与が贈与税の納税猶予の適用対象に加えられます。

⑸　贈与税の納税猶予から相続税の納税猶予への切替

贈与税の納税猶予及び相続税の納税猶予は、それぞれ図表６−２、６−３のとおりとなります（平成27年４月１日以降に贈与・相続した場合）。

〈図表６−２〉贈与税の納税猶予

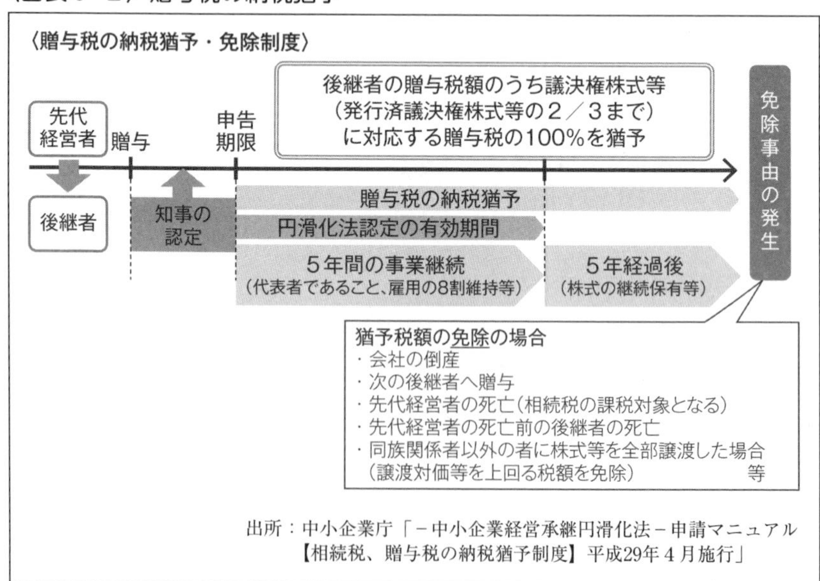

出所：中小企業庁「－中小企業経営承継円滑化法－申請マニュアル【相続税、贈与税の納税猶予制度】平成29年４月施行」

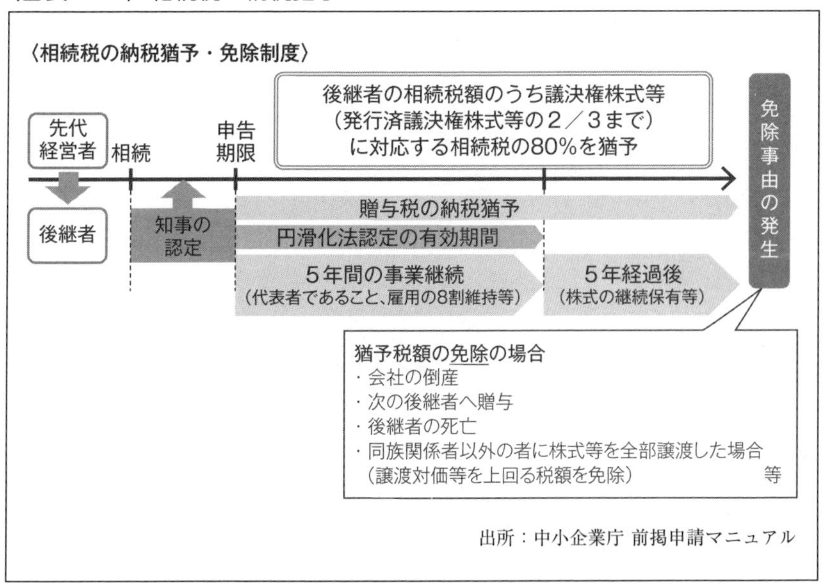

そして、先代経営者（贈与者）が贈与税の納税猶予中に死亡した場合には、その猶予されていた贈与税は免除されますが、贈与された株式等を贈与者から相続または遺贈により取得したものとみなして相続税が課税されることとなります。もっとも、ここで都道府県知事の確認を受けることにより、相続税の納税猶予を受けることができます（図表6－4参照）。

〈図表6－4〉贈与税の納税猶予中に贈与者が死亡した場合

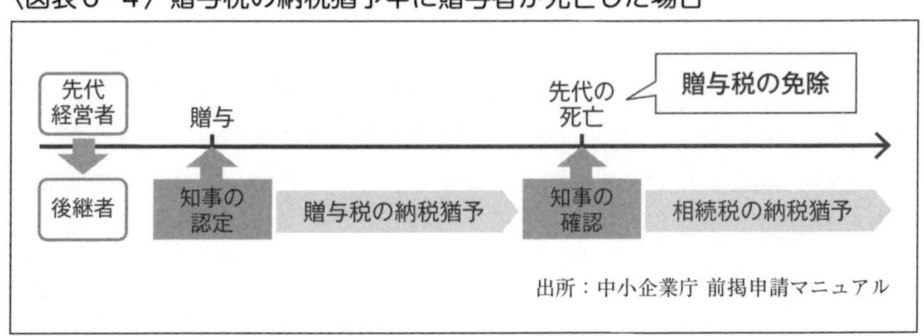

4 遺留分に関する民法特例

Point キーワードは除外合意と固定合意

⑴ 除外合意

除外合意とは、先代経営者の推定相続人（仮に先代経営者に相続が開始した場合に相続人となる法定相続人のこと）全員の合意を条件として、特定の推定相続人である後継者に対して贈与等をした株式等の財産を遺留分算定の基礎となる相続財産に含めないこと、つまり、除外することができる制度です。

この除外合意により、生前に後継者に贈与した株式等が相続開始後に遺留分減殺請求により分散されてしまうリスクを回避することが可能となります。

先に述べたX社の例でいえば、Bに相続させた株式100%をAの相続財産から除外することにより、Cからの遺留分減殺請求を予め阻止することができることとなります。

もっとも、相続人全員の合意が条件となりますので、現実的には、後継者以外の相続人にはそれに見合う財産を承継させるなどの手当てが必要となると思われます。

⑵ 固定合意

固定合意とは、先代経営者の推定相続人全員の合意を条件として、後継者に贈与等をした株式等の財産の価額を贈与当時の合意した価額に固定して、贈与時から相続開始時までの価値上昇分に対しては遺留分減殺請求ができないようにする制度です。

後継者としては、株式等の贈与を受けて事業を承継して後継者の力量で事業価値を増加させたとしても、その増加分が遺留分減殺請求の対象となってしまえば、後継者のやる気を損ねてしまうことになるため、株式等の価額を贈与時に固定させるというものです。

(3) 要件・手続等

除外合意と固定合意は、いずれも、推定相続人全員の合意のほか、後継者において経済産業大臣の確認及び家庭裁判所の許可を得ることにより効力が発生することになります。

もっとも、民法の原則では、各推定相続人がそれぞれ家庭裁判所に放棄の手続を行う必要があるところ、この特例により後継者１人が手続を行えば足りることとなっていますので、手続も簡便なものとなっています。

個人事業主の必要経費

交際費として支出したものでも経費計上が否認される場合も

1 はじめに

⑴ 必要経費とは

Point 所得を得るために必要な支出

必要経費とは、所得を得るために必要な支出のことであり、いわば投下資本の回収部分に課税が及ぶことを避けるため、課税の対象となる所得の計算上、必要経費の控除が認められています[2)]。

そして、所得税法上、原則として、不動産所得・事業所得・山林所得・雑所得の金額の計算上、必要経費の控除が認められています。

⑵ 必要経費の区分

Point 「個別対応」と「一般対応」の必要経費

ところで、ある支出が必要経費として控除されるためには、それが事業活動と直接の関係をもち、事業の遂行上必要な費用でなければならないとされています。

この点、所得税法37条１項には、次のとおり規定されています。

２）金子宏『租税法 第22版』（弘文社）297頁参照。

> その年分の不動産所得の金額、事業所得の金額又は雑所得の金額……の計算上必要経費に算入すべき金額は、別段の定めがあるものを除き、これらの所得の総収入金額に係る売上原価その他当該総収入金額を得るため直接に要した費用の額及びその年における販売費、一般管理費その他これらの所得を生ずべき業務について生じた費用……の額とする。

ここで､「総収入金額に係る売上原価その他当該総収入金額を得るため直接に要した費用の額」は、費用収益対応の原則（正確な所得の算出のため、収入に対応した支出を収入から控除すべきという原則）から、売上原価のように特定の収入との対応関係を明らかにできるものについては、その収入の帰属する年の必要経費とすべきであることを示しています。

また､「その年における販売費、一般管理費その他これらの所得を生ずべき業務について生じた費用」は、販売費や一般管理費のように特定の収入との対応関係を明らかにできないものについては、その費用が生じた年の必要経費とすべきであることを示しています。

そして、前者を「個別対応の必要経費」、後者を「一般対応の必要経費」といって区別しています。

なお、条文中の「別段の定めがあるもの」には、後述する家事関連費などが当たります。

⑶　必要経費の範囲

Point　個人事業主は消費主体でもある

次に、必要経費とされる範囲ですが、売上原価、租税公課、水道光熱費、旅費交通費、通信費、広告宣伝費、接待交際費、修繕費、減価償却費、人件費、地代家賃、利子割引料など種々の科目が含まれており、その多くは、法人所得計算上の損金と一致するといわれています。

もっとも、法人は専ら事業活動を目的としているのに対し、個人事業主の場合には、事業主体であると同時に、日常生活を送るために消費を行う主体でもあるため、法人とは異なる取扱いがなされています。

そのうちの1つとして家事費及び家事関連費があります（所得税法45条1項1号）。

家事費とは、個人の消費生活上の費用のことをいい、例えば、衣食住に要する費用、養育・教養に要する費用、娯楽費等がそれに当たりますが、これらは、個人が生活する上で当然に要する費用であるため、その性質上必要経費としては取り扱われません[3)]。

次に、家事関連費とは、接待費・交際費などにその例が多いですが、必要経費と家事費の性質を併有している費用とされており、このうち主たる部分が業務の遂行上必要であり、かつ、その必要である部分を明らかに区分することができる場合などには、その部分に限って必要経費に算入されることとなっています（所得税法施行令96条）。

ここで、家事関連費における「業務の遂行上必要かどうか」、「必要な部分を明らかに区分できるかどうか」という点が、実務上、得てして問題となりがちです。

2 裁判例
～第一審 東京地裁 平成23年8月9日判決[4)]
控訴審 東京高裁 平成24年9月19日判決[5)]

(1) 事案の概要

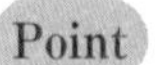
会務活動に伴う支出を必要経費として申告

本件は、日本弁護士連合会（日弁連）の副会長を務めた弁護士（原告）が、その役員としての活動（会務活動）に伴い支出した懇親会費等を事業所得の

3）金子宏、前掲書300-301頁参照。
4）東京地裁平成23年8月9日判決、税資261号順号11730。
5）東京高裁平成24年9月19日判決、税資262号順号12040。

計算上必要経費に算入するなどして所得税の申告をしたところ、所轄税務署長がこれら懇親会費等は必要経費に該当しないとして、これら懇親会費等の控除を否認する更正処分等をしたのに対し、原告が国（被告）を相手にしてこの更正処分等の取消しを求めた事案です。

ところで、原告が必要経費として事業所得から控除した費用は、大別すると、以下のような場面で支出された費用でした。

① 弁護士会の公式行事後に催される懇親会（総会後の懇親会やその二次会など）
② 弁護士会の業務に関係する他の団体との協議会後に催される懇親会（マスコミ記者との懇親会やその二次会など）
③ 弁護士会の機関である会議体の会議後にその構成員に参加を呼び掛けて催される懇親会（常議員会後の懇親会やその二次会など）
④ 弁護士会の執行部の一員として、弁護士会の職員や各種委員会を構成する委員に参加を呼び掛けて催される懇親会（庶務委員会暑気払いやその二次会など）
⑤ 日弁連副会長立候補活動費用
⑥ 日弁連事務次長への香典
⑦ 弁護士会事務員会に対する寄附金

なお、本件では、これら懇親会費等の支払いが消費税における課税仕入れに該当するかどうかも争われましたが、その点は割愛します。

⑵ 争点

Point 会務活動は弁護士の事業所得を生ずる業務か

本件の争点は、弁護士会の役員としての活動（会務活動）に伴い支出した懇親会費等が、当該弁護士の弁護士としての事業所得を生ずる業務において、いわゆる一般対応の必要経費に該当するかどうか、ということです。この点についての被告（国）と原告（弁護士）の主張の概要は、次のとおりでした。

（被告の主張）

・　一般対応の必要経費として控除できるのは、原告の弁護士としての事業と直接関係をもち、かつ、専ら原告の弁護士としての事業の遂行上必要といえる必要があり、それが必要経費であるか家事費であるか判然としない支出や費用については、家事関連費として、原則経費控除できない。

・　弁護士の職務は、営利を目的として対価を得て継続的に一般の法律事務を行う活動をいう。

・　弁護士会の役員としての活動は、弁護士等及び弁護士会の指導、連絡及び監督に関する事務を行うことを目的とする弁護士会に直接帰属し、その効果は広く弁護士一般あるいは弁護士会一般に及ぶものであるから、弁護士個人が事業所得を得るための事業活動と同一視することができず、これらの懇親会費等はいずれも家事費ないし家事関連費に該当するから、必要経費として控除できない。

（原告の主張）

・　弁護士にとって、弁護士会に入会し日弁連に登録することは、弁護士の業務の開始及び存続の要件であり、弁護士会の会務活動は弁護士制度と弁護士に対する社会的信頼を維持し弁護士の事務の改善に資するものであるから、会務活動は弁護士としての業務のために必要かつ不可欠なものであり、弁護士業務の重要な一部であり、弁護士の事業活動そのものである。

・　いわゆる一般対応の必要経費については、その文言及び性質上、支出と収入の直接関連性は必要とされていないから、弁護士会の会務活動に伴う支出は必要経費に該当する。

(3) 第一審判決

Point 会務活動は弁護士の事業ではないと判示

これに対し、第一審である東京地裁は、次のとおり判示し、いずれの懇親会費等も必要経費に該当しないと判断しました。

まず、一般対応の必要経費について、被告が主張したとおり、「ある支出が事業所得の金額の計算上必要経費として控除されるためには、当該支出が『所得を生ずべき事業と直接関係し、かつ当該業務の遂行上必要であること』を要すると解するのが相当である」（二重カギ及び傍点筆者）と判示しました。

そして、「弁護士会とは、弁護士及び弁護士法人を構成員として組織され、弁護士等の指導、連絡及び監督に関する事務を行うことを目的とする法人であり、……弁護士会及び日弁連へのいわゆる強制入会制度が採られている」ため、「弁護士が、弁護士としての地位に基づいてその事業所得を生ずべき業務を行うためには、弁護士会及び日弁連の会員でなければならないことはいうまでもないし、弁護士会等の役員にはその会員である弁護士が就任することが当然の前提とされている」としながらも、弁護士会の会務活動は、「弁護士等全体の能力向上や社会的使命の達成等を目的としたもの」であるから、「これらの活動等から生じる成果は、当該活動を行った弁護士個人に帰属するものではなく、弁護士会や日弁連ひいては弁護士等全体に帰属するものと解される」として、会務活動は「弁護士の所得税法上の『事業』に該当するものではない」と判示しました。

このように第一審は、被告の主張を全面的に採用し、被告を勝たせました。これに対し、原告は控訴しました。

(4) 控訴審判決

Point　弁護士業務の遂行上必要な活動もあると判示

これに対し、控訴審である東京高裁は次のとおり、これらの懇親会費等のうち、①～④（ただし、二次会費を除く）及び⑤の一部は必要経費に該当すると判示し、原告の請求を一部認容する判決へと変更しました。

まず、一般対応の必要経費について、第一審とは異なり、ある支出が事業所得の金額の計算上必要経費として控除されるためには、当該支出が「事業所得を生ずべき業務の遂行上必要であること」を要すると解するのが相当であると判示しました。つまり、第一審のところで示した「と直接関係し、かつ当該業務」という部分を削る定義付けをしました。

その理由として、「所得税法施行令96条１号が、家事関連費のうち必要経費に算入することができるものについて、経費の主たる部分が『事業所得を…生ずべき業務の遂行上必要』であることを要すると規定している上、ある支出が業務の遂行上必要なものであれば、その業務と関連するものでもある」といえ、「これに加えて、事業の業務と直接関係を持つことを求めると解釈する根拠は見当たらず、『直接』という文言の意味も必ずしも明らかではない」としました。

次に、弁護士会や日弁連における会務活動が弁護士の事業所得を生ずべき業務に該当するかどうかの点について、弁護士会等と個々の弁護士は異なる人格であり、弁護士会等の機関を構成する弁護士がその権限内でした行為の効果は弁護士会等に帰属するものであるから、控訴人（原告）が弁護士会等の役員等として行う活動は、弁護士会等の業務に該当する余地はあるとしても、社会通念上、控訴人の「事業所得を生ずべき業務」に該当すると認めることはできないと判示しました。

しかしながら、「控訴人の弁護士会等の役員等としての活動が控訴人の『事業所得を生ずべき業務』に該当しないからといって、その活動に要した費用が控訴人の弁護士としての事業所得の必要経費に算入することができないというものではない」として、「弁護士会等の活動は、弁護士に対する社会的信頼を維持して弁護士業務の改善に資するものであり、弁護士として行う事業所得を生ずべき業務に密接に関係するとともに、会員である弁護士がいわば義務的に多くの経済的負担を負うことにより成り立っているものであるということができるから、弁護士が人格の異なる弁護士会等の役員等としての活動に要した費用であっても、弁護士会等の役員等の業務の遂行上必要な支出であったということができるのであれば、その弁護士としての事業所得の一般対応の必要経費に該当すると解するのが相当である」と判示しました。

そして、各支出のうち、①及び②は、その費用の額が過大でないときは社会通念上業務の遂行上必要な支出であるとし、③及び④は、これらの会議体等が特定の集団の円滑な運営に資するものとして社会一般でも行われている行事に相当するものであり、その費用の額が過大でないときは社会通念上業務の遂行上必要な支出であるとし、さらに、⑤についても、立候補するために不可欠な費用であれば業務の遂行上必要な支出に該当するとしました。しかし、⑥及び⑦については、個人的な交際の側面を含むとして必要経費とは認めませんでした。

ただし、①～④であっても、二次会に要した費用は個人的な知己との交際や旧交を温めるという側面を含むとして必要経費とは認めませんでした。

⑸　コメント

Point　社会通念に従って慎重な判断を

第一審では支出と事業との関係が「直接」という文言でもって相当厳密に解釈されたのに対し、控訴審では「直接」という文言を削除して多少緩やかに解釈されたため、会務活動が弁護士の事業所得を生ずべき業務とはいえないとしながらも、弁護士業務の遂行上必要な会務活動もあるとしたため、結論において違いが出たものと考えられます。

結論としては、弁護士の会務活動に伴う懇親会費等が一切認められないのは妥当ではなく、控訴審の判断は基本的に妥当な方向にあると考えられます（ただし、会務活動自体を弁護士としての事業所得を生ずる業務でないとした点は議論のあるところだと思われる)。もっとも、控訴審も、結局のところ「業務の遂行上必要な支出かどうか」という点を社会通念に従って判断しているにすぎず、新たに詳細な基準が示されたものではありません。したがって、本件は一事例に対する裁判所の判断を示したものにすぎませんので、個々のケースで慎重な判断が求められることに変わりはないと思われます。

なお、本件は上告受理の申立てがなされていましたが、平成26年1月17日、最高裁第二小法廷が上告を受理しない旨の決定をし、これにより東京高裁の判決が維持されました。

37 税理士の死亡に伴う諸問題

税理士事業の承継や雇用主という地位の相続は

1 税理士業務について

Point 税理士の業務は一身専属

税理士は、「税務に関する専門家として、独立した公正な立場において、申告納税制度の理念にそって、納税義務者の信頼にこたえ、租税に関する法令に規定された納税義務の適正な実現を図ることを使命とする」とされています（税理士法１条）。そして、税理士は、確定申告などを代理する税務代理、申告書などの税務書類の作成などを業務として行っています。

そのため、税理士事業は、税理士試験に合格した者など、国家資格を有する者しかなし得ず、資格なしに事業を営むことについては刑事罰が予定されています。

したがって、税理士事業は、その有資格者のみがなし得る一身専属の事業であり、その相続人といえども、税理士資格が相続されることはありません。

2 事案の概要

Point 退職金が必要経費・相続債務となるか否か

Ａ税理士は、長年にわたりＡ税理士事務所にて税理士事業を営んでおり、その税理士事業に従事する従業員も雇用していました。Ａ税理士の子Ｂも、税理士試験に合格し、Ａ税理士事務所内にＢ税理士事務所を開設し、主にＡ税理士事務所の事業に携わっていました。

そのＡが死亡したため、ＢはＡが雇用していた従業員を引き続き雇用することとし、B税理士事務所として再スタートしました。その際、Bは、税理士事業は一身専属であるため、A税理士事業はAの死亡により終了し、それに伴い、Aに従事していた従業員との雇用契約も終了するからそれらの従業員について退職金が発生したとして、A税理士の所得税の準確定申告及び相続税の申告において、この退職金を必要経費として計上し、また、相続債務として債務控除しました。

これに対し、課税庁は、B税理士は、A税理士の事業を承継しており、また、従業員と雇用契約をしていたAの雇用主たる地位は相続によりBに承継されたため従業員には退職の事実はないとして、退職金の必要経費性及び相続債務性を否定し、Bがした所得税と相続税の申告に対し、増額更正処分及び過少申告加算税の賦課決定処分（以下「本件更正処分等」という）を行いました。

これに対し、Bは、本件更正処分等は違法な処分であるとして争いました。

なお、Aの相続人は、子であるBの外、妻C及び子Dがいました。このうち、税理士資格を有していたのはBとDでした。

3　国税不服審判所の判断

Point　税理士事業は終了するが退職金慣行なし

これに対し、国税不服審判所は、Aの税理士事業はAの死亡により終了し、B税理士に承継されることはないとしながらも、A税理士事務所に退職金の支払慣行が認められないとして、結論として本件更正処分等は適法であると判断しました[6]。

この点、A税理士事業の帰趨（きすう）について、この裁決は、「BがAの死亡後にAと同様に本件建物内において事業用資産及び債務並びに本件各従業員を用いて税理士業務を行っていたとしても、Bの税理士業務は、Aの税理士業務とは別個の業務であると認められ、BがAの事業を承継し、Aと同一内容の事

6）国税不服審判所平成25年7月5日裁決、事例集92集226頁。

業を行っていたとは認められない」と認定しており、AとBとは同じ税理士事業であるが、別個の事業であることを明確にしました。

ただ、退職金の支払慣行がないとしたのですが、実は、Aは過去に合計48名に対して退職金を支払った実績がありました。その点が審理上明らかにされていなかったために、結論として、本件更正処分等は適法であるとされました。

4 裁判所の判断

(1) 第一審裁判所の判断

Point 税理士事業は終了するが雇用契約は承継する

これに対し、Bらが訴訟提起してさらに争ったところ、第一審の広島地方裁判所は、Aの税理士事業はAの死亡により終了したとして、裁決と同様の判断を示しました[7)]。ところが、Aの本件各従業員に対する雇用主たる地位はBに承継されたとして、本件各従業員はA死亡により退職したことにならないとして、やはり結論として、本件更正処分等は適法であると判断しました。

すなわち、Aの税理士事業は終了したが、Aの雇用主たる地位は相続の対象となるからBがそれを承継しており、本件各従業員は退職していないとの判断をした、ということとなります。

事業は終了したとしながら、雇用は継続するという矛盾するような判断が示されたわけですが、この点、判決では、「Aが行っていた税理士事業の基礎となる顧客とAとの間の委任契約と本件各雇用契約は、その契約類型が異なるものであり、委任契約においては受任者の死亡が契約の終了事由として民法上明記されているのに対し、雇用契約においては使用者の死亡によって終了するか否かが民法その他の法令上明記されていないのであるから、Aの死

7）広島地裁平成27年11月４日判決、TAINSコードZ265-12751。

亡によって委任契約は終了するが、雇用契約は終了しないと解しても、法的な矛盾が生じるということはできない」と判示しています。

(2)　控訴審裁判所の判断

Point　税理士事業も雇用契約も承継する

これに対し、Ｂらが控訴してさらに争ったところ、控訴審の広島高等裁判所は、Ａの税理士事業はＡの死亡により終了しないとして、それまでの裁決及び第一審判決とは異なる判断を示しました[8)]。さらに、Ａの本件各従業員に対する雇用主たる地位はＢに承継されたとして、やはり結論として、本件更正処分等は適法であると判断しました。

税理士事業の承継の有無の点について、判決では、「税理士と顧客との契約の性質に限ることなく、事業形態、事業を支える人的物的基盤等に基づき判断するのが相当である」として、本件事案の事実関係を前提とすれば、「Ａの事業が相続人であるＢに承継されたと認められるのであるから、Ａの税理士業務が税理士一般のそれと比較し特に一身専属性が極めて高いと判断できる特段の事情を認めるに足りる証拠のない本件においては、委任契約が終了したことのみから事業の廃止を導くＢらの主張は採用できない」と判示しました。

5　論点と解説

本件事案では、主に２つの論点があります。１つは、税理士事業がそもそも当該税理士以外の税理士に承継されるのかどうか、もう１つは従業員との労働契約について使用者（雇用主）という地位が相続の対象となるのかどうか、です。

なお、以下において私見を述べている部分がありますが、あくまでも本件の税理士の事案についてのものであることに留意して下さい。

8）広島高裁平成29年１月27日判決、TAINSコードZ888-2131。

⑴　税理士事業は当該税理士の死亡により終了するか

Point　親子でも別個の税理士事業と考えるべき

１つ目の論点について、本件の裁決と第一審判決では、税理士事業の一身専属性やその契約内容から当該税理士以外へは承継されないと判断されましたが、控訴審判決では、承継されると判断されました。

この点、少し視点が変わりますが、ある税理士が、別の税理士に対し、自らの顧問先や従業員などを承継させた場合に、その別の税理士から得た対価の所得区分（事業や営業権の譲渡の対価であるとして譲渡所得になるのか、それとも、単に事実上の引継ぎあっせんの対価であるとして雑所得になるのか）が問題となった事案において、過去の裁決や判決では、税理士事業は他に承継され得ない性質のものであり、譲渡の対象になり得ない、という判断がなされています（したがって、譲渡所得ではなく雑所得であると結論付けた）。

私見としては、これらの裁決や判決の考え方、そして、そもそも税理士事業が一身専属であるという事業自体の性質からすれば、やはり税理士事業は当該税理士以外の者（たとえそれが税理士資格を有する相続人であっても）には承継されず、当該税理士の死亡により終了すると解すべきです。仮に、本件のように相続人ＢがＡの跡を継いで税理士事業を継続し、外観上事業を承継したと見えても、それはあくまでもＢの税理士事業であって、Ａの税理士事業ではないというべきです。このことは、Ａの顧客が引き続きＢに対して税務申告などを依頼するとは限らず、あくまでも顧客とＢとの関係次第という実務の実情からしても明らかというべきです。

⑵　使用者（雇用主）の地位の相続による帰趨

Point　「使用者の地位は相続される」は妥当か

次に、そもそも使用者（雇用主）の地位が相続の対象となるかどうかという点です。

この点、本件の第一審判決や控訴審判決では、「使用者の債務（従業員の就労請求権に対応する債務）の具体的内容自体が使用者個人の看護又は教育するための雇用である場合のように使用者の一身に専属するものである場合や、使用者の変更によって労務の内容に重大な差異が生ずるような場合を除いては、雇用契約上の使用者の地位は相続の対象となり、使用者の死亡によって当然に雇用契約が終了することにはならない」との解釈がなされています。

しかしながら、これと異なる解釈が示された裁判例もあります。税理士の事案ではありませんが、東京地裁平成21年11月24日判決[9)]では、「労働契約は、労働者が使用者に使用されて労働し、使用者がこれに対して賃金を支払うことについて、労働者及び使用者が合意することによって成立する契約であるところ、使用者が個人の場合に当該個人が死亡した場合、原則として、労働契約上の地位は一身に専属したものとして相続の対象とはならず、労働契約は終了すると解すべき」との解釈がなされています。

このように、裁判所においても、使用者（雇用主）たる地位の相続による帰趨について、判断が分かれているところです。

私見ですが、一般に、個人で事業を営み、従業員を雇用する場合、その個人事業主の相続人からすれば、被相続人の雇用主たる地位を当然に相続人において相続し、引き継ぐこととなるという考え方は、世間の常識にそぐわないのではないかと思います。このようなことからすれば、前掲東京地裁判決が妥当であると考えます。

また、本件の税理士事案においては、そもそもＡの税理士事業がＡの死亡により終了する以上は、そのＡの雇用主たる地位も消滅するというべきであ

9）東京地裁平成21年11月24日判決、労判1001号30頁。

り、それがＢに相続によって承継するということも、論理的ではないと考えます。

もっともその後、前記の広島高裁判決について、上告及び上告受理申立てがなされましたが、いずれも退けられました。

いずれにしても、個人事業主の相続に伴う退職金の取扱いについては、慎重な検討が求められます。

38 破産管財人の源泉徴収義務

破産管財人の源泉徴収義務の範囲は？

1 源泉徴収制度について

(1) 源泉徴収とは

Point 租税の徴収方法の一態様

源泉徴収とは、租税の徴収方法の一態様であり、所得税の対象となる一定の所得の支払いをする者に、その支払いの際、その支払う金額から所得税を徴収（天引き）し、国に納付させることをいいます（所得税法181条～223条）。

源泉徴収の対象となるのは、利子所得、配当所得、給与所得、退職所得のほか、講演料、弁護士や司法書士などの報酬などで、これらの支払いをする者は、徴収した所得税を翌月の10日までに国に納付しなければなりません。

(2) 精算の必要性

Point 確定申告や年末調整での精算が必要

この源泉徴収義務は、「納税義務者から直接に租税を徴収することが困難であるとか、能率的かつ確実に租税を徴収する必要がある場合等に、租税の徴収の確保のために採用されている方法である」とされています[10)]。

そのため、通常は納税義務者と源泉徴収義務者とが異なり、納税義務者は源泉徴収税額について確定申告の段階で精算されることとなっています。

10）金子宏、前掲書926頁。

もっとも、会社が雇用する従業員に対する給与や賞与などについては年末調整で精算されますので、確定申告を行う必要はないということとなります（ただし、1年間に支払う給与の総額が2000万円を超える人などについては年末調整の対象とならず確定申告が必要）。

(3)　違反した場合の制裁

Point　加算税のほか、刑事罰の可能性も

源泉徴収義務者が、その義務に違反して所得税を徴収しなかったり、徴収した税額を納付しなかった場合には、不納付加算税や重加算税が課せられることとなります。

さらには、「10年以下の懲役もしくは200万円以下の罰金またはその両方」の刑事罰の規定も置かれています（所得税法240条）。

2　裁判例 ～最高裁平成23年1月14日判決[11)]

(1)　事案の内容

ある会社が破産し、その会社の破産管財人に就任した弁護士が、破産会社の財産の換価業務を実施し、それを原資として、破産宣告（その後の破産法の改正により、現在は「破産開始決定」と呼ぶ）前にすでに退職していた元従業員らに対し、退職手当等を支払うとともに、破産管財人としての報酬を支払いました。そして、破産管財人はいずれの支払いの際にも源泉徴収をしませんでした。

なお、報酬は、破産事件が係属している裁判所が金額を決定し、その金額が破産財団（配当原資）から捻出されます。

これに対し、課税庁は、上記の退職手当等及び報酬の支払いについて、源泉徴収すべきであったとして、源泉所得税の納税の告知等の処分を行いました。

11）最高裁平成23年1月14日第二小法廷判決、民集65巻1号1頁。

それに対し、破産管財人は課税庁の上記課税処分は違法であるとして、源泉徴収納付義務不存在確認訴訟（本件訴訟）を提起しました。

⑵　争点

本件訴訟の争点は、破産管財人が退職手当等や報酬を支払う際、源泉徴収してこれを国に納付する義務を負うかどうか、という点にありました。

つまり、破産管財人が、退職手当等については所得税法199条の「支払をする者」に該当するかどうか、報酬については所得税法204条１項２号の「支払をする者」に該当するかどうか、が問題となったのです。

⑶　第一審及び控訴審判決

本件訴訟の第一審及び控訴審裁判所は、退職手当等の支払い、報酬の支払いともに、破産管財人には源泉徴収義務があると判断しました。

その理由は、控訴審裁判所の判示によれば、「支払をする者」とは、「支払に係る経済的出捐（しゅつえん）(※)の効果の帰属主体」をいうところ、退職手当等、報酬ともに「支払をする者」とは破産者（破産会社）であるが、破産管財人が自己に専属する管理処分権に基づいて破産財団から支払うということは破産会社が支払うのと同視できるとして、破産管財人は「支払をする者」として源泉徴収義務を負う、というものでした[12]。

※出捐：金銭等を拠出することをいいます。

⑷　最高裁判所の判断

これに対し、控訴審でも敗訴した破産管財人が上告等したところ、最高裁判所は、次のとおり、報酬については源泉徴収義務を負うが、退職手当等については源泉徴収義務を負わない旨結論付けました。

その理由は、まず、「支払をする者」に源泉徴収義務を課しているのは、「給与の支払をなす者が給与を受ける者と特に密接な関係にあって、徴税上特別

12）大阪高裁平成20年４月25日判決、税資258号順号10954。

の便宜を有し、能率を挙げうる点を考慮」（傍点筆者）したことによるものとする過去の最高裁判例[13]を引用した上で、報酬の場合と退職手当等の場合とで分けて検討し、

① 報酬の場合には、破産管財人が自ら行った管財業務の対価として自らその支払いをしてこれを受けるから「支払をする者」（所得税法204条1項2号）に該当する

――と判示したのに対し、

② 退職手当等の場合には、破産管財人は、破産手続を適正かつ公平に遂行するために破産者から独立した地位を与えられて、法令上定められた職務の遂行にあたる者であって、破産者が雇用していた労働者との間において破産宣告前の雇用関係に関し直接の債権債務関係に立つものではなく、使用者と労働者との関係に準ずるような特に密接な関係があるとはいえないから、「支払をする者」（所得税法199条）に該当しない

――と判示しました。

要するに、最高裁は、支払いをする者と支払いを受ける者との関係が密接かどうか、という一定の基準を示し、報酬の場合と退職手当等の場合とでは密接度合いが異なると考えたものと思われます。

3 まとめ

破産管財人は、破産会社の管財業務を遂行するにあたり、本来備えられているべきはずの資料がない場合が少なくありません。

そのような資料不足の中で、破産管財人が元従業員に対して未払給与等を支払う（配当する）際に源泉徴収義務を負うとすれば、各従業員の扶養親族等を逐一確認する必要が出てきますが、それは実務上相当な困難を伴うことが容易に想像されますので、本件の課税処分は実務に大きな影響を与えるとの見方もありました。

これに対し、前述の最高裁判例が出されたことにより、破産管財人には退

13）最高裁昭和37年2月28日大法廷判決、刑集16巻2号212頁。

職手当等の支払いの際に源泉徴収する必要はなくなりました（おそらく最高裁判例の論理からすれば未払給与の支払いの際にも同じことが当てはまると思われる）。

もっとも、報酬については源泉徴収が必要であることが明確になりましたし、最高裁判例の論理からすれば、破産管財人が管財業務の遂行のために一旦退職した元従業員を改めて雇用して給与を支払うような場合には、やはり源泉徴収する必要があると考えられますので、具体的なケースごとにチェックすることが必要だと思われます。

39 強制執行における源泉徴収義務

強制執行により給与等を支払う場合も源泉徴収義務を負うか

1 源泉徴収制度について

Point 源泉徴収とは、天引きによる租税の徴収

源泉徴収とは、租税の徴収方法の一態様であり、所得税の対象となる一定の所得の支払いをする者に、その支払いの際、その支払う金額から所得税を徴収（天引き）し、国に納付させることをいいます。

この源泉徴収の対象となる所得や、精算の必要性、違反した場合の制裁などについては、「38 破産管財人の源泉徴収義務」（280頁）を参照して下さい。

Point 徴収しなかった分は求償が可能

そして、後述の最高裁判決で問題となった給与等の支払いについても、その支払いをする者は源泉徴収をする義務があります（所得税法６条）。

もし、給与等の支払いをする者（例えば、会社）が源泉徴収をしなかった場合、税務署長は、その所得税をその者（会社）から徴収するものとされており（同法221条）、その場合、その者（会社）は、その徴収をされるべき者（例えば、従業員）に対して徴収された当該所得税に相当する金額を請求（求償）することができるとされています（同法222条）。

2 強制執行について

Point 強制執行とは執行機関が私法上の請求権の強制的実現を図る手続

強制執行とは、国家権力の行使として執行機関が私法上の請求権の強制的実現を図る手続をいいます。

例えば、ＡがＢに100万円を貸し付けたが、Ｂが任意に弁済しない場合、Ａは裁判所に「ＢはＡに100万円を支払え」という判決を求めて訴えを提起します。そして、裁判所が、Ａの主張に理由があると判断した場合、「ＢはＡに100万円を支払え」という判決を言い渡します。

その判決を受けたＢがＡに任意に弁済すれば問題はないのですが、それでもＢが任意に弁済をしない場合には、Ａは強制執行によりＢの財産から強制的に100万円を回収することとなります。

日本の法律ではいわゆる自力救済が禁止されています。自力救済とは、私人が司法手続によらずに自己の権利を実現することをいいます。前記の例でいえば、ＡがＢの財布からＢの了解なく100万円を回収することなどをいいます。もしＡがこのような行動をとった場合にはＡに窃盗などの犯罪が成立することとなります。

このため、自己の権利を実現したい場合には、強制執行による必要があるのです。

Point 強制執行には債務名義が必要

債務名義とは、強制執行によって実現されるべき請求権の存在とその内容を公証する文書をいいます。

典型的なものとしては、確定判決があります。確定とは、控訴や上告などで取り消すことのできない状態に至ったことをいい、例えば、第一審判決に対して控訴されず控訴期間が経過した場合や、控訴されたとしても控訴審判決に対して上告されず上告期間が経過した場合をいいます。

そのほかには、仮執行宣言を付した判決（確定に至らない判決であっても、「この判決は仮に執行することができる」との記載のある判決）、公正証書（ただし、金銭の一定の額の支払いなどを目的とするもので、債務者が直ちに強制執行に服する旨の陳述が記載されているものに限る）などがあります（民事執行法22条）。

3 裁判例 ～最高裁平成23年３月22日判決[14)]

(1) 事案の概要

ある会社がそこに勤務する従業員を解雇したのに対し、従業員が解雇は無効であるとして、解雇無効の確認と解雇とされたときからの未払賃金の支払いを求めて、訴えを提起しました。

この訴えに対し、裁判所は、従業員の主張に理由があるとして、解雇の無効確認と会社に対して未払賃金の支払いを命ずる判決を言い渡し、その判決が確定しました。

しかし、会社は、判決が確定したにもかかわらず、従業員に対して未払賃金を支払わなかったため、従業員が強制執行を申し立てました。

この強制執行というのは、会社の動産（つまり現金）を差し押さえるというものでした。

そして、その強制執行の結果、従業員は判決で明示されていた未払賃金を回収しました。

所轄税務署長は、会社に対し、従業員が未払賃金を回収した際にも会社には源泉徴収義務があるとして、所得税法221条により、所得税を納付するよう告知しました。

この告知を受けた会社は、所轄税務署に源泉所得税を納付しました。

所得税を納付した会社は、強制執行により未払賃金を回収した従業員に対し、所得税法222条に基づき、当該所得税に相当する金額の支払いを求めて訴え（本件）を提起しました。

14）最高裁平成23年３月22日第三小法廷判決、判タ1345号111頁。

⑵　争点

本件において従業員は、源泉徴収制度はあくまでも任意に賃金を支払う場合において源泉徴収義務を負うにすぎず、強制執行により賃金相当額全額の取立てを受けた場合にまでその義務を負うものではない、と反論しました。

争点は、要するに、判決に基づく強制執行によりその回収を受ける場合においても、給与等の支払いをする者が源泉徴収義務を負うか否か、でした。

確かに、強制執行の場合には、例えば、100万円の支払いを命ずる判決であった場合、従業員は100万円全額について会社の財産から回収できるのに対し、会社は100万円のうち源泉所得税に相当する金額分の回収を阻むことはできません。

つまり、源泉徴収義務があるとすれば会社に不可能を強いてしまう、という問題点がありました。

⑶　裁判所の判断

Point　最高裁としての判断を明確化

これに対し、第一審及び控訴審とも、給与等の支払いをする者が判決に基づく強制執行により回収される場合においても源泉徴収義務を負うものと判断し、平成23年３月22日の最高裁判決もこれらの判断を支持し、従業員に対して源泉所得税に相当する金額の支払いを命じました。

ところで、最高裁判所は、控訴審裁判所の判決を支持する場合、上告を受理しないのが一般的です。

しかし、本件では、あえて上告を受理して判断を示しています。これは、同じ争点について源泉徴収義務を否定した裁判例[15)]があったため、最高裁判所としての判断を明確にするためであったといわれています。

15）高松高裁昭和44年９月４日判決、判タ239号178頁。

Point　会社は従業員に源泉所得税分を求償できるから問題はない

では、前述した源泉徴収義務があるとすれば会社に不可能を強いてしまうという問題点について、最高裁判所はどのように考えているのでしょうか。

この点、最高裁判所は「(強制執行によりその回収を受ける）場合に、給与等の支払をする者がこれを支払う際に源泉所得税を徴収することができないことは、所論の指摘するとおりであるが、上記の者は、源泉所得税を納付したときには、法222条に基づき、徴収をしていなかった源泉所得税に相当する金額を、その徴収をされるべき者に対して請求等することができるのであるから、所論の指摘するところは、上記解釈を左右するものではない」と判示しています。

要するに、会社は従業員に対して源泉所得税分を求償できるから問題はないのだ、ということです。

4　まとめ

本件では、会社の源泉徴収義務を否定すると、会社は従業員に対して所得税法222条に基づく請求ができず、結果として、従業員が源泉所得税に相当する分を利することとなり不都合であったという事情も、最高裁判所の判断に影響しているものと思われます。

いずれにせよ、本最高裁判例により、強制執行により給与等の支払いをする者も源泉徴収義務を負うことは明確となりましたので、今後の実務においてもこれに従うことになるでしょう。

また、この場合、法律上は会社が従業員に対して源泉所得税分を求償することができるとしても、従業員に支払能力がなく、結局、会社が税務署に納付した源泉所得税分を従業員から回収できないといったリスクも考えられますので、注意を要すると思われます。

ただし、本件では会社が債務者の場合ですので、会社が第三債務者の場合、つまり、例えば、会社の従業員が債権者から借金をし、その債権者が従業員から借金を取り立てる際に、従業員の会社に対する給与等を差し押さえた場合などにおいては、所得税等を控除した残額のうちの一定額を差し押さえるものとして取り扱われていますので（給与等の一部は差押禁止財産とされているため）、会社が従業員に対して求償するという必要はありません。

40 税務上のペナルティー

納付していても加算税が課される場合も

1 税務上のペナルティー

Point 附帯税とは国税に附帯する債務

国税に関する基本的事項及び共通的事項について定める国税通則法は、附帯税を定めています。

附帯税とは、国税に附帯する債務のことです。一般に、主たる債務に附帯して生ずる従たる債務のことを附帯債務と呼んでいることから、そのように呼ばれています。

そして、附帯税には、延滞税、利子税、加算税など[16]があり、最後の加算税には、過少申告加算税、無申告加算税、不納付加算税及び重加算税があります。

また、地方税法では、延滞税に相当するものを延滞金と呼び、加算税に相当するものを加算金と呼んでいます。

以下では、主に国税についての附帯税を解説します。

2 延滞税

Point 未納の場合に課税

延滞税とは、国税の全部または一部を法定納期限内に納付しなかった場合に、その未納となっている税額に対して課される附帯税のことをいいます。

16）そのほか、印紙税を納付しなかった場合などに課される過怠税があります。

ここで、法定納期限内に納付しなかった場合とは、申告期限内に提出した確定申告書による税額を法定納期限までに完納しなかった場合のみならず、期限後申告書や修正申告書を提出したり、更正や決定を受けたために納付税額が生じた場合や、予定（中間）納税額を法定納期限までに完納しなかった場合も含まれます。

そして、延滞税の額は、以下の計算式で計算されます。

■　延滞税の計算式

延滞税の額＝本税の額(※1)×延滞額の割合×期日(※2)÷365日

※1　1万円未満は端数切捨て
※2　法定納期限の翌日から完納の日までの日数

延滞額の割合については、原則として14.6％ですが、納期限から2か月以内は7.3％とされているなど、軽減される場合があります。

具体的には、次のとおりです。

①　納期限の翌日から2か月を経過する日まで

原則として年「7.3％」ですが、平成12年1月1日から平成25年12月31日までの期間は、「前年の11月30日において日本銀行が定める基準割引率＋4％」の割合となります。また、平成26年1月1日以後の期間は、年「7.3％」と「特例基準割合(※)＋1％」のいずれか低い割合となります。具体的な割合は、図表6-5のとおりです。

②　納期限の翌日から2か月を経過した日以後

原則として年「14.6％」ですが、平成26年1月1日以後の期間は、年「14.6％」と「特例基準割合(※)＋7.3％」のいずれか低い割合となります。具体的な割合は、図表6-6のとおりです。

〈図表６－５〉延滞額の割合（２か月を経過する日まで）

期間	延滞額の割合
平成30年１月１日から平成30年12月31日まで	年2.6%
平成29年１月１日から平成29年12月31日まで	年2.7%
平成27年１月１日から平成28年12月31日まで	年2.8%
平成26年１月１日から平成26年12月31日まで	年2.9%
平成22年１月１日から平成25年12月31日まで	年4.3%
平成21年１月１日から平成21年12月31日まで	年4.5%
平成20年１月１日から平成20年12月31日まで	年4.7%
平成19年１月１日から平成19年12月31日まで	年4.4%
平成14年１月１日から平成18年12月31日まで	年4.1%
平成12年１月１日から平成13年12月31日まで	年4.5%

〈図表６－６〉延滞額の割合（２か月を経過した日以後）

期間	延滞額の割合
平成30年１月１日から平成30年12月31日まで	年8.9%
平成29年１月１日から平成29年12月31日まで	年9.0%
平成27年１月１日から平成28年12月31日まで	年9.1%
平成26年１月１日から平成26年12月31日まで	年9.2%

※　特例基準割合とは、各年の前々年の10月から前年の９月までの各月における銀行の新規の短期貸出約定平均金利の合計を12で除して得た割合として各年の前年の12月15日までに財務大臣が告示する割合に年１％の割合を加算した割合をいいます。

もっとも、次のような場合など、履行遅滞が納税者にとってやむを得ない事由による場合には、延滞税は免除されることとなっています。ただし、③については、延滞税の２分の１の免除にとどまります。

① 災害や疾病等による納税の猶予
② 滞納処分の執行停止があったとき
③ 事業の廃止等の理由により納税の猶予や換価の猶予があったとき

3 利子税

Point 延納・物納などに課税

利子税とは、延納もしくは物納または納税申告書の提出期限の延長が認められた場合に、それが認められた期間の約定利息の性質をもつ附帯税をいいます。

まず、延納ですが、所得税・相続税・贈与税について、一度に多額の納税を必要とする場合に、納税者に納税資金の準備の期間を与えるために、その納付の延期を認める制度をいいます。

また、物納とは、延納によっても相続税を金銭で納付することが困難である場合に、その代わりに財産をもって納付することを認める制度をいいます。

最後に、納税申告書の提出期限の延長とは、内国法人が災害その他やむを得ない理由により決算が確定しないため、期限内に確定申告を行うことができない場合に認められる提出期限の延長をいいます。

このような場合には、いずれも課税庁が延納等を認めることが前提となりますので、法定納期限は経過していますが、履行遅滞はないものとして、延滞税ではなく、利子税が課されることとなります。

そして、利子税の額は、延納等が認められる期間の日数に応じて年7.3%とされるのが原則ですが、一定の要件を満たす場合にはそれより低い利率とされています。

4 加算税

⑴ はじめに

Point 特別な経済的負担を課す附帯税

加算税は、申告納税制度と徴収納税制度の健全な運営を担保するための一種のペナルティーであり、それらが適正に履行されない場合に課される附帯税のことをいいます。

この加算税は、過少申告加算税、無申告加算税、不納付加算税及び重加算税の４つからなっています。

⑵ 過少申告加算税

Point 申告が過少であった場合に課税

過少申告加算税は、申告期限内に提出された場合に、修正申告または更正により当初の申告税額が結果的に過少となったときに課税される加算税をいいます。

そして、その金額は、当初の申告税額との差額の10％とされています。ただし、差額が当初の申告税額または50万円のいずれか多い方の金額を超える場合、その超える部分については15％とされています。

Point 更正の予知がなければ課税されず

ただし、修正申告が、その申告に係る税務調査があったことにより、それについて更正があるべきことを予知してなされたものでないときは、例外的に過少申告加算税は課されません。これは、自発的な修正申告を奨励することを目的としたものとされています。

ここで、「更正があるべきことを予知してなされたものでないとき」とは、いかなる場合をいうのでしょうか。この点について争われる場合が少なくありません。

例えば、課税庁職員が確定申告書を検討して過少申告を発見し、納税者に対して電話し、それによりはじめて過少申告を知った納税者が修正申告をなした場合には、更正があるべきことを予知してなされたものであるとされています[17)]。

これに対し、納税者が税務調査開始日に増加償却の特例の適用要件である届出書の提出を失念していたことに気付き、すぐさま同特例の適用を否定して修正申告書を提出し、その後、税務調査担当職員に修正申告書を提出した旨を口頭で通知した事案では、更正があるべきことを予知してなされたものでないとされ、過少申告加算税課税は否定されています[18)]。

ただし、平成28年度税制改正により、税務調査の通知後に修正申告書を提出した場合、それが更正を予知してなされたものでなくても、当初申告額との差額の５％（当初申告額と50万円のいずれか多い額を超える部分は10%）の過少申告加算税が課されることとなっています。

Point　正当な理由があれば課税されず

また、過少申告加算税の計算の基礎となった事実のうちに、当初の税額の計算の基礎とされていなかったことについて正当な理由があると認められるものがある場合にも、過少申告加算税は課されません。

ただし、この「正当な理由」は、「真に上告人〔筆者注：納税者〕の責めに帰することのできない客観的な事情があり、過少申告加算税の趣旨に照らしてもなお上告人〔納税者〕に過少申告加算税を賦課することは不当又は酷になる」場合をいうとされており[19)]、かなり厳格に考えられています。

17）大阪高裁平成２年２月28日判決、税資175号976頁。
18）東京地裁平成24年９月25日判決、税資262号順号12046。
19）最高裁平成18年10月24日第三小法廷判決、税資256号順号10536。

例えば、最高裁判決が出されるまで下級審の裁判例で判断が分かれていたストック・オプションにまつわる事案で、この正当な理由を認めた事例はありますが[20)]、依頼した税理士が税法の解釈を誤り、それに基づき納税した場合などでは正当な理由は認められないとされるケースが多いと思われます。

⑶ 無申告加算税

Point 納税しても申告がなければ課税

無申告加算税とは、法定申告期限内に申告がなされず、期限後申告または決定によって税額が確定した場合などに課される附帯税をいいます。

そして、その金額は、原則として、納付すべき税額の15%とされています。ただし、50万円を超える部分については20%とされています。

例えば、消費税の申告について、次のような裁判例があります。納税者は、その法定申告期限かつ法定納期限である6月2日に、指定金融機関に対して納付書を添えて247億7850万9700円を納付しましたが、その後、課税庁が当該消費税の申告書の提出の確認を行ったところ、上記法定申告期限までの申告書の提出を納税者が失念していたことが判明しました。このため、納税者は6月13日に確定申告書を提出しましたが、裁判所は、たとえ法定納期限までに納付すべき税額全額に相当する金額が納付され、法定申告期限からわずか11日後に確定申告書が提出されたとしても、期限後申告に該当するとして、課税庁の納税者に対する無申告加算税（12億3892万5000円）は正当なものであると判断しています[21)]。

したがって、たとえ納付すべき税額全額を期限内に納付したとしても、期限内に確定申告書を提出しておかないと、無申告加算税が課されることになりますので、注意が必要です。

20）前掲・最高裁平成18年10月24日第三小法廷判決、税資256号順号10536。
21）大阪地裁平成17年9月16日判決、税資255号順号10134。

⑷　不納付加算税

Point　源泉徴収などに適用

不納付加算税とは、源泉徴収などにより納付すべき税額を法定納期限までに完納せず、納税の告知を受け、または、納税の告知を受けることなく法定納期限後に納付する場合に課税される附帯税です。

そして、その金額は、納付すべき税額の10%とされています。ただし、納税の告知を受けることなく法定納期限後に納付された場合、告知があるべきことを予知してなされたものではないときは５%に軽減され、さらに一定の要件を満たせば０%となる場合もあります。

この不納付加算税も、告知または納付に係る税額を法定納期限までに納付しなかったことについて正当な理由があると認められる場合は、課されません。

⑸　重加算税

Point　他の附帯税より重い負担が

重加算税とは、納付すべき税額の計算の基礎となる事実の全部または一部について隠蔽または仮装があり、過少申告・無申告・不納付がその隠蔽または仮装に基づいている場合に、過少申告加算税・無申告加算税・不納付加算税の代わりに課される附帯税をいいます。

この重加算税は、隠蔽や仮装を伴うことから、他の附帯税より重い負担とされており、納付すべき税額に対し、原則として、過少申告加算税に代わるものとして35%、無申告加算税に代わるものとして40%、不納付加算税に代わるものとして35%の金額が課されています。

このように重加算税は、隠蔽や仮装といった不正手段を用いた納税者に対して特別に重い負担を課すことによって、申告納税制度及び源泉徴収制度の基礎が失われるのを防止することを目的としています。

Point 従業員による場合も免れず

ところで、ここで「隠蔽」とは、納税者がその意思に基づいて、特定の事実を隠匿あるいは脱漏することをいい、「仮装」とは、納税者がその意思に基づいて、特定の所得、財産あるいは取引上の名義を装う等事実を歪曲するものとされています[22)]。典型的には、二重帳簿を作成し、あるいは、売上伝票、納品書等の証拠書類を廃棄するなどして売上げを除外する、注文伝票や領収証等を偽造するなどして架空仕入れ、架空経費を計上する、税務調査に対して虚偽の答弁をするなどのことが考えられます[23)]。

また、例えば、従業員が隠蔽や仮装行為を行った場合であっても、重加算税の問題は納税義務者本人の行為に限定されることはありません。従業員による所得の事実の隠蔽または仮装を納税者本人が知らなかったとしても、納税者が正当な所得を申告すべき義務を怠ったものとして重加算税は免れないと判断された事案もあります[24)]。

したがって、労務の面において、このような隠蔽や仮装を防止するという観点からの監視体制の整備も重要となるでしょう。

22）国税不服審判所平成17年６月15日裁決、事例集69集31頁。
23）横浜地裁平成16年２月４日判決、税資254号順号9548。
24）大阪地裁昭和36年８月10日判決、税資35号653頁。

裁判・裁決例　索引

参考文献

伊東博之・木村直人
『Q＆A 特殊な役員の給与・退職金をめぐる税務－非常勤役員・みなし役員・出向役員等－』
新日本法規出版　平成25年

小原一博　編著
『法人税基本通達逐条解説 八訂版』
税務研究会出版局　平成28年

金子宏
『租税法 第22版』
弘文堂　平成29年

駒崎清人・若林孝三・有賀文宣・吉田行雄・鈴木博　編
『実例問答式 交際費の税務―交際費と隣接経費の判定を中心として（平成28年版）』
大蔵財務協会　平成28年

冨永賢一
『源泉所得税 現物給与をめぐる税務（平成27年版）』
大蔵財務協会　平成27年

三又修・樫田明・一色広己・石川雅美　編
『所得税基本通達逐条解説（平成29年版）』
大蔵財務協会　平成29年

森田政夫・西尾宇一郎
『問答式　法人税事例選集（平成29年10月改訂）』
清文社　平成29年

吉川宏延
『源泉所得税と個人住民税の徴収納付－しくみと制度－』
税務経理協会　平成25年

山田俊一
「製薬会社が負担した英文添削料」『月刊 税務事例』第37巻9号
財経詳報社　平成17年

著者紹介

橋森 正樹（はしもり まさき）
橋森・幡野法律会計事務所　弁護士・税理士
2000年３月早稲田大学法学部卒業。2002年弁護士登録（大阪弁護士会）。同年北浜法律事務所（現北浜法律事務所・外国法共同事業）に入所した後、2009年１月現事務所設立。2008年12月税理士登録（近畿税理士会東支部）。
近畿弁護士会連合会税務委員会（2017年４月より委員長）や日本弁護士連合会税制委員会、租税訴訟学会に所属し、税務分野を中心に活動するとともに、大阪弁護士会民事介入暴力及び弁護士業務妨害対策委員会にも所属し、民暴事案や悪質クレーマー対応などにも力を入れている。
共著に、『弁護士と税理士の相互質疑応答集』（清文社）、『事例にみる遺言の効力』（新日本法規出版）、『事例解説 教育対象暴力～教育現場でのクレーム対応～』（ぎょうせい）、『Q&A高齢者施設・事業所の法律相談 介護現場の76問』（日本加除出版）など。

人事労務担当者のための **企業税務講座**

平成30年３月31日　初版発行

著　者　橋森　正樹
発行人　藤澤　直明
発行所　労働調査会
〒170-0004　東京都豊島区北大塚2-4-5
TEL　03-3915-6401
FAX　03-3918-8618
http://www.chosakai.co.jp/

ISBN978-4-86319-632-2 C2033